■ INHALT

Liebe Leserinnen und Leser,

im Jahr 1815 wurde die Basler Mission gegründet, die heute in ihrer Nachfolge-organisation mission 21 am selben Orte in der Missionsstrasse in Basel aktiv ist. Der Geburtstag dieses großen Missionswerks, eines der größten evangelischen Missionswerke auf europäischem Boden, wurde im September 2015 zum Anlass zweier wissenschaftlicher Tagungen in Basel (24.–26. 9. 2016) und in Bad Boll. Wir dokumentieren die Vorträge beider Tagungen und beginnen in diesem Heft mit der Basler Tagung. Ein weiteres Jubiläum konnte das Evangelische Missions-werk in Deutschland begehen, das 1975 gegründet wurde und diese 40 Jahre seines bisherigen Bestehens im Juni 2015 mit Veranstaltungen in Hamburg und auf seiner Mitgliederversammlung im September in Herrnhut bedachte und fei-erte. Auf die Ereignisse blickt in diesem Heft der EMW-Direktor Christoph Anders zurück.

Es folgt eine Einführung von Christian Weber in den Duktus des Basler Sym-posiums, und die Schriftleitung wünscht Ihnen eine gewinnbringende Lektüre dieser Begegnungen mit den zahlreichen Aspekten, die sich aus der Geschichte der Basler Mission ergeben.

Ulrich Dehn

Internationales Symposium
»Die Basler Mission 1815–2015:
Zwischenbilanz ihrer Geschichte – Schritte in die Zukunft«

Einführung

Am 25. September 1815 wurde die Basler Mission gegründet, als eine der ersten evangelischen Missionsgesellschaften auf dem europäischen Festland. Mit ihren anfänglichen Tätigkeitsfeldern an der Goldküste, in Südwestindien, in Südchina, auf Borneo und in Kamerun entwickelte sie sich zu einer weltweit bekannten Missionsakteurin.

Zum 200-Jahr-Jubiläum veranstaltete Mission 21 als Nachfolgeorganisation im September 2015 ein internationales Symposium am historischen Ort. Sieben Vorträge und elf Arbeitsgruppen widmeten sich den Themenkreisen

- Polyzentrische Zugänge zur Missionsgeschichte
- Transformation der Mission
- Missionsgeschichte als Potenzial für die Zukunft der Kirche

Damit wurden Vergangenheit, Gegenwart und Zukunft der Mission mit einer je spezifischen Fragestellung diskutiert.

Die Tagung wurde mit dem Vortrag von Gudrun Löwner (Indien) eröffnet, der in die indische Missionsgeschichte aus der Perspektive religiöser Kunst einführte. Cephas Omenyo (Ghana) und Rathnakara Sadananda (Indien) unterzogen die Basler Missionshistorie einer kritischen Würdigung aus afrikanischer bzw. asiatischer Sicht. Wie sehr sich die christliche Mission durch die Pfingstbewegung und den demografischen Wandel verändert, untersuchten Cecilio Castillo (Chile) und Philip Jenkins (Texas/USA) in ihren Beiträgen. Andreas Heuser (Basel) und Ralph Kunz (Zürich) fragten schließlich nach neuen Paradigmen in der Mission und deren Rückwirkung auf die Kirchen in Europa.

Die in drei Panels organisierten Arbeitsgruppen erweiterten und vertieften den jeweiligen Themenkreis. Das erste Panel verglich historische Missionserfahrungen in Afrika, Asien und speziell in China und fragte nach dem Verhältnis von lokalen Akteuren zu globalen Entwicklungen. Das zweite Panel untersuchte Phänomene der «Schwerpunktverschiebung des Christentums» und der «Multireligiosität» (exemplarisch der Beitrag von David Plüss) und darauf antwortende missionstheologische Konzepte. Das dritte Panel thematisierte Mission und speziell Evangelisation angesichts der Veränderungen in Gesellschaft und Volkskirche und der Entstehung von Migrationskirchen (exemplarisch der Beitrag von Bianca Dümling und Esther Imhof). Klaus Koschorke führte die Ergebnisse in der Schlussdiskussion zusammen.

Bemerkenswert ist sicherlich, wie breit dieses Jubiläum gefeiert wurde. Das Symposium zeichnete sich durch große nationale und internationale Beteiligung aus. Die Schweizer Kantonalkirchen und theologischen Fakultäten waren ebenso namhaft vertreten wie die Partnerwerke in Deutschland, Frankreich und Österreich. Obwohl Delegationen der weltweiten Partnerkirchen schon zur Festwoche im Juni eingeladen worden waren, kamen Teilnehmende bis aus Japan auch zum Symposium. Dabei wurde das Jubiläum nicht nur in Basel begangen, sondern auch mit offiziellen Feiern in Indien und Ghana. Die Jahrestagung der Deutschen Gesellschaft für Missionswissenschaft widmete sich in Bad Boll ebenfalls diesem Anlass.

Die Breite der Rezeption ist auch an einer Vielzahl von Publikationen zu erkennen, die zum Jubiläum erschienen. Christine Christ-von Wedel und Thomas Kuhn gaben den wissenschaftlichen Sammelband »Basler Mission. Menschen, Geschichte, Perspektiven 1815–2015« heraus. Mission 21 veröffentlichte mit dem Magazin »Pioniere, Weltenbummler, Brückenbauer« eine gut lesbare Zusammenschau der vieldimensionalen Thematik. Zu den Jubiläums-Ausstellungen in Basel und Stuttgart erschienen die Kataloge »Mission possible? Die Sammlung der Basler Mission – Spiegel kultureller Begegnungen« bzw. »Unterwegs zu den anderen. 200 Jahre Basler Mission und Württemberg«. Einen biografischen Zugang wählt der Sammelband »Worte sind schön, aber Hühner legen Eier« der Basler Mission – Deutscher Zweig.

Berichte von den beiden früheren Jubiläen der Basler Mission zeigen, wie sie jeweils von dramatischen Umbrüchen geprägt waren. Die 100-Jahr-Feier 1915 stand ganz unter dem Eindruck des Ersten Weltkriegs. Kurz vorher hatte die Basler Mission ihr quantitativ größtes Wachstum erlebt, war der zweitausendste Seminarist eingetreten, waren über 400 Missionarinnen und Missionare gleichzeitig in Übersee im Einsatz. Die Missions-Handlungs-Gesellschaft hatte sich zu einem Konzern mit weltweit 6500 Beschäftigten entwickelt. Der Krieg setzte diesem Wachstumskurs ein jähes Ende, die Folgen waren unabsehbar.

Auch das 150-jährige Jubiläum 1965 gab zu keinerlei Euphorie Anlass. Die westliche Mission und mit ihr die Basler Mission waren in die Krise geraten, vor allem bedingt durch drei Faktoren: die Zerstörung Europas durch den Zweiten Weltkrieg, das scheinbare Scheitern der Missionsbemühungen in China infolge der Kulturrevolution und die Unabhängigkeit der meisten früheren Kolonialstaaten. Der schmerzhafte Prozess einer Neubesinnung auf Weg und Ziel der Mission war in vollem Gange.

Und 2015? Erst aus historischem Abstand wird erkennbar werden, ob und in welcher Hinsicht dieses Jubiläum eine Zäsur markiert. 14 Jahre nach ihrer Gründung ist Mission 21 organisatorisch gefestigt, steht jedoch in einem Kontext, der auf vielen Ebenen einen »Klimawandel« erlebt – auch politisch, sozial und religiös.

Bemerkenswert ist schließlich, wie die Basler Missionsgeschichte beim Symposium und insgesamt im Jubiläumsjahr nicht nur kritisch beleuchtet, sondern zugleich positiv gewürdigt wurde. Darauf drangen gerade die internationalen Partnerkirchen und -organisationen. Die Vision der Gründergeneration, das «Evangelium des Friedens zu verkündigen und eine wohlthätige Zivilisation auszubreiten», erweist sich bei näherer historischer Betrachtung auch heute noch als inspirierend. Die Augen für Elend und Schönheit der Welt zu öffnen, Grenzen zu überschreiten und den Glauben an Jesus Christus zur Sprache und ins Leben zu bringen, darum geht es bei Mission auch in einer stark veränderten Situation weiterhin.

Christian Weber
im Auftrag des Vorbereitungskreises des Symposiums

Über ungesunden Menschenverstand

(zu Lukas 9,51–62)

Benedict Schubert

Eine Predigt in der Passionszeit über Lukas 9, 51–62

[51]Es begab sich aber, als die Zeit erfüllt war, dass er hinweggenommen werden sollte, da wandte er sein Angesicht, stracks nach Jerusalem zu wandern. [52]Und er sandte Boten vor sich her; die gingen hin und kamen in ein Dorf der Samariter, ihm Herberge zu bereiten. [53]Und sie nahmen ihn nicht auf, weil er sein Angesicht gewandt hatte, nach Jerusalem zu wandern. [54]Als aber das seine Jünger Jakobus und Johannes sahen, sprachen sie: Herr, willst du, so wollen wir sagen, dass Feuer vom Himmel falle und sie verzehre. [55]Jesus aber wandte sich um und wies sie zurecht. [56]Und sie gingen in ein andres Dorf.

[57]Und als sie auf dem Wege waren, sprach einer zu ihm: Ich will dir folgen, wohin du gehst. [58]Und Jesus sprach zu ihm: Die Füchse haben Gruben und die Vögel unter dem Himmel haben Nester; aber der Menschensohn hat nichts, wo er sein Haupt hinlege. [59]Und er sprach zu einem andern: Folge mir nach! Der sprach aber: Herr, erlaube mir, dass ich zuvor hingehe und meinen Vater begrabe. [60]Aber Jesus sprach zu ihm: Lass die Toten ihre Toten begraben; du aber geh hin und verkündige das Reich Gottes! [61]Und ein andrer sprach: Herr, ich will dir nachfolgen; aber erlaube mir zuvor, dass ich Abschied nehme von denen, die in meinem Haus sind. [62]Jesus aber sprach zu ihm: Wer seine Hand an den Pflug legt und sieht zurück, der ist nicht geschickt für das Reich Gottes.

Jesus hatte und hat es offenbar schwer, verständlich zu machen, worum es ihm geht und denen gehen soll, die sich im anschliessen. Von dem Moment an, wo endgültig klar ist, wo die Reise wirklich enden soll, häufen sich die Missverständnisse. Wir befinden uns im Bericht des Lukas an einem entscheidenden Punkt. Bis hierher gab es Andeutungen, Hinweise, doch nun ist *die Zeit erfüllt, dass er hinweggenommen werden sollte, da wandte er sein Angesicht, stracks nach Jerusalem zu wandern.* Bis zu diesem Moment fällt es schwer, sich einen Überblick darüber zu verschaffen, weswegen und wann Jesus wo auftaucht – doch hier stellt der Evangelist sozusagen einen sprachlichen Wegweiser auf. Von jetzt an wird Jesus weder links noch rechts vom Weg abweichen, sondern direkt, schnurstracks nach Jerusalem ziehen.

Dort wird sich seine Sendung erfüllen. Das Ziel der Sendung markiert Lukas mit dem eigenartigen Ausdruck, Jesus solle *hinweggenommen werden.* Die Auseinandersetzung mit der politischen und religiösen Elite, auf die Jesus zusteuert, der Prozess, der ihm gemacht werden wird, seine Hinrichtung – das ist noch nicht das Ziel des Weges. Das sind vielmehr unausweichliche Stationen auf dem Weg an jenen Ort, an den Jesus durch die »Himmelfahrt« gelangt. Lukas schliesst sein Evangelium ab mit dieser letzten Erscheinung Christi – die wir uns heute lieber nicht mehr allzu konkret vorstellen, weil sich leicht ganz unpassende Assoziationen zu Raketenstarts aufdrängen; diese würden ins Lächerliche ziehen, was befreiend und ermutigend ist. Durch den Tod und die Auferstehung kommt Jesus dorthin, wo nichts und niemand mehr bestreiten kann, dass ihm das letzte Wort zusteht. Alles verdichtet sich, bis Jesus aufgenommen wird.

Aber eben: wie gelangt Jesus, und wie gelangen wir hinter und mit ihm dorthin? Wie sollen wir es deuten, dass es Jesus in unserem Text zunächst so wenig zu kümmern scheint, dass die einen ihn zurückweisen, und dass er dann so wenig Interesse zu zeigen scheint, dass die anderen sich ihm anschliessen? Ist es ihm denn kein Anliegen, dass seine Bewegung wächst? Möchte er nicht, dass immer mehr sich von ihm überzeugen lassen und ihrerseits weitersagen, was ihnen von Jesus eingeleuchtet hat?

Anstatt die Einzelfälle, von denen unser Abschnitt illustrierend handelt, en détail zu besprechen, präsentiere ich einen Schlüssel, der mir hilft, gerade solche Texte besser zu verstehen, die uns besonders spannungsvoll und widersprüchlich vorkommen: Andrew F. Walls hat beobachtet, dass die Kirche wächst und sich ausbreitet, weil zwei scheinbar widersprüchliche Kräfte am Werk sind.[1] Aus der Spannung, die zwischen beiden entsteht, bezieht die Mission ihre Energie. Es ist Energie, die die Gerechtigkeit fördert und den Frieden.

Die eine dieser Kräfte nennt er die »*indigenizing force*« – jene Kraft, die das Evangelium ankommen und heimisch werden lässt. Es ist die Kraft, die am An-

---

[1] Andrew F. Walls, »The Gospel as Prisoner and Liberator of Culture«, in: The Missionary Movement in History. Studies in the Transmission of Faith, Maryknoll 1997, 3–15.

fang des Lukasevangeliums besonders deutlich sichtbar wird. Im Bericht über die Art und Weise, wie Jesus zur Welt kam, zeigt Lukas, wie Gott alles daran setzt, dass seine Gegenwart die Menschen nicht als etwas Fremdes, erschreckend Überwältigendes überfällt. Gott passt sich an, passt sich ein in die Welt, damit die Welt zu ihm kommt. Jesus kommt nicht als ausserirdische Erscheinung, sondern wird geboren wie alle Kinder geboren werden. Er wächst auf in einer Familie, vor der niemand Angst haben muss. Er spricht die Sprache, die die Nachbarskinder sprechen, er isst, was alle essen, er kleidet sich wie sie, er lernt wie sie, er schläft wie sie, er spielt wie sie, er wird müde wie sie und freut sich wie sie über einen hellen Morgen, den Gesang der Vögel oder den Geruch der frischen Brotfladen. Er wird den Menschen zum Verwechseln ähnlich.

So ist es doch: Wir fühlen uns dann geborgen und zuhause, wenn wir das und die, die um uns her sind, verstehen, wenn sie uns vertraut sind, wenn wir den Eindruck haben, wir kennen uns aus, wir wissen, wie wir uns zu benehmen haben. Und wir erfahren, dass wir akzeptiert sind, so sein dürfen, wie wir sind. Genau dafür sorgt Gott, berichtet Lukas, berichten die Evangelien. Gott wird Mensch. Er übersetzt den Himmel in Erde, er übersetzt die Sprache der Ewigkeit in unsere zeitlichen und lokalen Sprachen. Die Evangelien berichten davon, wie Jesus Menschen begegnet. Aus vielen dieser Berichte kommt uns entgegen, wie vertraut Jesus ihnen war und wurde. Er sprach von dem, was sie beschäftigte, in Bildern, die ihnen vertraut waren. Den Menschen war es wohl oder wurde es wohl in seiner Gegenwart. Sie wurden heil, sie fanden ihren Platz, sie durften sein, sie wussten sich angenommen.

Wo das zur Zeit Jesu geschah, war die *indigenizing force* wirksam, diese Kraft, die die Zusage Gottes heimisch werden lässt. Diese Kraft wirkte und wirkt weiter überall dort, wo Entsprechendes seither geschah: das Evangelium wurde so in die Sprachen der Herzen übersetzt, dass es ankommen konnte, und die Menschen sich angenommen wussten: »Ich bin gemeint. Ich darf sein. Es ist gut.«

Doch wenn wir das Evangelium aufmerksam lesen, erkennen wir da und dort, dass auch eine andere Kraft wirksam ist. An unserer Stelle kommt mir vor, als werde regelrecht ein Schalter umgelegt, und wir bekämen als Leserinnen oder Hörer einen kräftigen Stoss mit von der anderen Kraft. Walls nennt sie die »*pilgrim force*«, die Kraft, die uns herausruft, hinaustreibt aus dem, was uns vertraut ist, was wir kennen und schätzen.

Es ist die Kraft, die die Menschen und die Welt um Gottes und um Himmels willen nicht so bleiben lässt, wie sie sind. Die *pilgrim force* hält in uns das Bewusstsein dafür wach, dass das Himmelreich zwar angebrochen ist, sich aber noch nicht ganz ausgebreitet hat. Es ist die Kraft, die Veränderung, Umkehr möglich macht. Es ist die Kraft, die aufbricht, was verhärtet und verkrustet ist. Eine Kraft, die aus unseligen Bindungen löst. Es ist die Kraft, die uns ablegen lässt, was wir unnötig mit uns herumschleppen, damit wir mit ganz leichtem Gepäck und beflügeltem Schritt dem Ziel entgegen gehen können. Diese Kraft irritiert. Sie stört uns, wenn wir uns behaglich eingerichtet haben. Sie bringt uns dazu, Konventionen aufzugeben, Gewohnheiten abzulegen. Sie lässt uns nicht in Ruhe, wenn wir resigniert oder selbstzufrieden gerne in Ruhe gelassen würden. Sie lässt uns dringend fragen, ob das, was ist, in guter Ordnung ist. Sie hindert uns daran, uns damit abzufinden, dass etwas einfach ist, wie es ist.

In einem späteren Zusatz zum Evangelientext wird mit einer Frage explizit gemacht, wie Jesus seine Jünger zurechtgewiesen habe, nachdem sie die gar nicht gastfreundlichen Samariter im schwefligen Feuersturm hatten untergehen lassen wollen. In der alten Lutherbibel lesen wir noch im Text, wie Jesus die Jünger anherrscht: »Wisst ihr nicht, wes Geistes Kinder ihr seid?« Das ist ein Beispiel dafür, wie die *pilgrim force* unter präzisen Umständen den scheinbar gesunden Menschenverstand als höchst ungesund entlarvt.

In unserem Text beispielsweise unterdrückt diese Kraft den – wie man gerne sagt – menschlich, allzu menschlichen Impuls der Jünger, es den Samaritern mit gleicher Münze heimzuzahlen und noch brutales Wechselgeld draufzulegen.

In dieser Kraft muss der erste, dem Jesus dann begegnet, begreifen, dass er das Evangelium nicht als frommen Zuckerguss über sein anständiges, geruhsames Leben streichen darf. Der zweite, der seinen Vater beerdigen will, wird radikal umgedreht: nach vorne schauen soll er, ins Leben stehen, nicht sentimental verklären, was war. Dem dritten schliesslich wird klargemacht, dass er sich aus der vermeintlichen Geborgenheit der Familie lösen muss, um Gott und den Nächsten wirklich lieben zu können.

Die *pilgrim force* und die *indigenizing force,* die Kraft, die ins Unbekannte, Unbequeme treibt, und die Kraft, die Geborgenheit verschafft, ankommen lässt. Es braucht eine hohe Aufmerksamkeit und heilige Geistesgegenwart, wenn wir erkennen wollen, welche Kraft jetzt in unserem je eigenen Leben oder im Leben unserer Kirche zum Zug kommt und kommen soll.

Ich vermute, dass wir uns als Kirche hier in einer Phase befinden, in der die *pilgrim force* zunehmend Bedeutung bekommt. Im Mass, in dem längst nicht mehr alle irgendwie zu unserer Kirche gehören, muss es die Kirche auch nicht mehr allen recht machen. Wir können im Gegenteil hinhören, ob der, auf den wir uns berufen und nach dem wir uns nennen, uns nicht herausruft, ob sein Geist uns nicht einen kräftigen Schub dieser Kraft zufliessen lässt, die Neues wagt, Verkrustetes aufbricht. Es ist eher nicht zu vermuten, dass Zeiten von grosser Geborgenheit auf uns zukommen, von heimeliger Behaglichkeit. Die Passionszeit ist die Zeit, in der unsere Hilfswerke an die Öffentlichkeit treten; jedes Jahr stellen sie dringende Fragen im Blick darauf, ob wir uns nicht zu wohlig eingerichtet haben, ob wir um Gottes und ums Himmels willen nicht unseren vermeintlich gesunden Menschenverstand in Frage stellen sollten.

Welche von den beiden Kräften sich im persönlichen Leben, in der gegenwärtigen Situation der, des Einzelnen stärker auswirken soll – das zu beurteilen steht mir nicht zu, erst recht nicht von der Kanzel herab. Jede, jeder weiss selbst, wo und wie sie sich von den vier Beispielen angesprochen, herausgefordert sehen. In einem schönen Lied von Zinzendorf heisst es: *Die Liebe wird uns leiten, den Weg bereiten und mit den Augen deuten auf mancherlei, ob's etwa Zeit zu streiten, ob's Rasttag sei. Sie wird in diesen Zeiten uns zubereiten auf unsre Seligkeiten. Nur treu, nur treu.*

Dranbleiben. Nicht ausweichen. Weiter aufmerksam hinhören – und Gott wird dafür sorgen, dass wir geschickt bleiben für das Reich Gottes!

Die Pfingstbewegung in Lateinamerika – eine historische Reflexion aus der Sicht der Peripherie und Geschlechtergerechtigkeit

Cecilia Castillo Nanjarí

Es ist mir eine Ehre, hier zu sein, um mit Ihnen Erkenntnisse, Wissen und aktive Hoffnung aus Chile, dem südlichsten Land unseres Planeten, zu teilen und einen Beitrag zu den für dieses Symposium gestellten Herausforderungen zu leisten.

Im Rahmen ihres 200-jährigen Bestehens hat sich die Basler Mission eine schwere Aufgabe gestellt: »Die Basler Mission 1815–2015: Zwischenbilanz ihrer Geschichte, Schritte in die Zukunft«. Möglicherweise hat die Basler Mission dabei anfangs nicht damit gerechnet, dass ihre Reichweite bis in so südliche Breitengrade wie dem globalen Süden gehen könnte … oder vielleicht doch?

Wenn wir zurückblicken, so entstand die Basler Mission im September 1815[1] und Chile als Nation im September 1810; sie sind also praktisch gleich alt. Das ist kein bloßer Zufall, denn im 19. Jahrhundert sprang der Geist der Freiheit von den verschiedenen protestantischen Missionen auf den lateinamerikanischen und karibischen Kontinent über, obwohl die Basler Mission erst vor 40 Jahren den Süden dieses Kontinents erreicht hat.

Wir sind ein junges Land und auch Teil jenes Kontinents, der sich aus sogenannten Ausbeutungskolonien der spanischen Monarchie zusammensetzt. Es darf nicht vergessen werden, dass uralte Völker und Kulturen diesen Kontinent geprägt hatten – und dass dies bis heute Spuren hinterlassen hat. Nicht zuletzt deshalb haben wir Mestizen mit indianisch-afrikanisch-lateinamerikanischen Wurzeln ein spannungsreiches Verhältnis zu unserer ausgeprägt jüdisch-christ-

---

[1] Karl F. Appl auf der Konferenz anlässlich des 50-jährigen Bestehens der Evangelisch-Theologischen Gemeinschaft von Chile: ¿Misión y Desarrollo? La Misión de Basilea como fruto del pietismo en el sur de Alemania y en Suiza, 2014.

lichen Religiosität, die vor mehr als 500 Jahren mit Kreuzen und Schwertern verbreitet wurde.

Diesen Zusammenhang vor Augen, möchte ich eine sowohl sozio- als auch genderpolitische Interpretation liefern und einige Schlussfolgerungen ziehen über die Pfingstbewegung in Lateinamerika und in der Karibik sowie deren Herausforderungen. Ich werde mich vor allem auf die Pfingstbewegungen in Chile konzentrieren, da diese aufgrund ihrer in den 1960er Jahren weltweit einzigartigen Offenheit und ökumenischen Verpflichtung besondere Eigenschaften aufweisen, die ihnen Modellcharakter auf dem zentral- und südamerikanischen Kontinent verleihen. Zudem muss im Rahmen ihres 200-jährigen Bestehens erwähnt werden, dass die Basler Mission und ihre ökumenischen Mitarbeiter seit den 1980er Jahren stark in unseren Pfingstgemeinden vertreten sind. Das führte zu einem gemeinsam zurückgelegten Weg von Pfingstlern und ökumenischen Mitarbeitenden, einer Zusammenarbeit auf der Grundlage der Volksbildung durch die Arbeit mit Frauen und der christlichen Bildung sowie weiterer späterer Projekte.

In dieser Hinsicht sind schon an dieser Stelle die Arbeit und der Einsatz von ökumenisch denkenden Pfingstlerinnen und ökumenischen Missionsvertreterinnen hervorzuheben. Anfänglich wurden nur zaghaft Erfahrungen gesammelt; im Laufe der Zeit festigten sich diese jedoch immer mehr und führten über Begegnung, Akzeptanz und Integration des Gleichheits- und Geschlechtergerechtigkeitsgedankens zu einem gegenseitigen Lernprozess – und dies trotz des harten Bodens der patriarchalischen Tradition innerhalb der Pfingstbewegung und des Ökumenismus selbst. Aus diesem Grunde habe ich mir erlaubt, diesen Vortrag »Die Pfingstbewegung in Lateinamerika – eine historische Reflexion aus der Sicht der Peripherie und Geschlechtergerechtigkeit« zu betiteln.

Die Pfingstbewegung

Die Pfingstbewegung entstand zu Beginn des 20. Jahrhunderts. Es sollte die letzte Phase der wesleyanischen Erneuerungsbewegung aus dem 18. Jahrhundert sein, die sich mit der nordamerikanischen Heiligkeitsbewegung des 19. Jahrhunderts, insbesondere in Bezug auf die sogenannten »Erweckungen« von John Wesley um 1740, weiterentwickelt hatte.

Die meisten Forschungen bezeichnen im Allgemeinen eine Bibelschule in Topeka in den Vereinigten Staaten als den Geburtsort der Pfingstbewegung. An jenem Ort begann Parham, ein weißer Methodist[2], die Heiligkeitsbewegung von Wesley zu radikalisieren. Seine Anhänger machten stark emotionsgeladene Erfahrungen, begleitet von der *Glossolalie* (Zungenrede), die als Zeichen der Geistestaufe galt. 1906 wurde während einer in der alten Methodistenkirche in der Azuza Street abgehaltenen Versammlung eine ähnliche Erfahrung gemacht. Die erste Person, die im Heiligen Geist getauft wurde, war eine Frau afrikanischer Abstammung. »Weiße und Schwarze« empfingen die Geistestaufe gemeinsam. Frauen afrikanischer Abstammung wurden zu militanten Predigerinnen. Verschiedene Zeugen dieser Manifestation in Los Angeles bestätigen und berichten mit Stolz, dass die Rassentrennung innerhalb der Kirche aufgrund der Geistestaufe verschwand. Martin Dreher fügt hinzu, dass 1906 »[auch] eine Gleichstellung erfolgte zwischen weißen Bischöfen und schwarzen Arbeitern, zwischen weißen Lehrern und schwarzen Waschfrauen – und sich diese später auch auf Asiaten und Mexikaner ausdehnte«[3]. Dieser Moment gilt als wichtiges Ereignis für die US-Bürger, das zur Überwindung der bestehenden Rassentrennung durch die Religion verhalf und somit den in diesem Land fest verankerten Rassismus in Frage stellte.

In Chile geht man davon aus, dass die Erweckung innerhalb der Methodistengemeinde von Valparaíso schon Jahre vor den Ereignissen in der Azuza Street anfing, nämlich in den sogenannten Gebets- und Bibellesegruppen über das Wirken der Apostel, die im Zuge der Erweckung von 1909 entstanden. Der methodistische Missionar Willis Hoover erhielt Briefe von Kollegen, die in Indien, Caracas, Norwegen, Afrika und an anderen Orten weilten. In diesen Briefen erzählten sie ihm von den Geschehnissen in jenen Ländern, wo diese »Erweckung« stattfand. Es wird angenommen, dass viele dieser Schreiben aus der Feder der Missionarin Pandita Ramabai aus Indien stammten, welche über die Pfingsterweckung in ihrer Region schrieb, und von Mary Anne Hilton, Ehefrau von Hoover, eingesehen und weitergeleitet wurden. Diese nicht restlos belegte Erklärung ist deshalb besonders interessant, da sie sich mit der Entstehung des Pentekostalismus aus der Frauenbewegung heraus befasst.

Die von den Methodistengemeinden in Valparaíso und Santiago gemachten Erfahrungen wurden von den Leitern der chilenischen Methodistenkirche mit

---

[2] Materiales de estudio sobre la Reforma Protestante [Hintergrundmaterial zur protestantischen Reformation], 1ª Ed. CIEETS, Managua 1988, 82.
[3] Martin Dreher, A igreja latino-americana no contexto mundial. Sinodal, São Leopoldo 1999, v. 4, 187 (História da Igreja).

Vehemenz abgelehnt und nicht als Manifestation des Heiligen Geistes[4] anerkannt, was 1910 zur Spaltung der Kirche und zur Entstehung der chilenischen
Pfingstbewegung führte[5].

Ich will hier klarstellen, dass die Gründe für das Schisma nicht in erster Linie
doktrinär oder theologisch waren, denn jene, die die Methodistenkirche verließen,
um sich der neuen Bewegung anzuschließen, behielten die 24 Glaubensartikel[6] –
also die Doktrin und die disziplinären Prinzipien – der Methodistenkirche bei.
Die Trennung war hauptsächlich auf die mit der Ablehnung der Manifestationen
zusammenhängenden Konflikte zurückzuführen, insbesondere der liturgischen
Elemente, die sich schleichend in der Methodistenkirche breitmachten[7].

Von Valparaíso aus – der Stadt also, in der die ersten protestantischen Missionare ankamen – verbreitete sich die Bewegung auf den Rest des Landes. Aus
der Mitte der Gruppe männlicher Mitarbeiter, die Willis Hoover am nächsten
standen, gingen die ersten Pastoren und Leiter der chilenischen Pfingstbewegung
hervor. Es gibt zahlreiche Beispiele von Frauen, die sich am Anfang dieser Bewegung zuvorderst einsetzten, wie die emblematische Figur der Elena Laidlaw,
die jedoch, als sich die Bewegung institutionalisierte, aufgrund des bis zu diesem
Zeitpunkt tief verankerten Patriarchalismus wieder in den Hintergrund gezwungen wurden.

Die chilenische Pfingstbewegung

Die chilenische Pfingstbewegung zeichnete sich alsdann durch eine starke Beto-
nung der Manifestationen und der Gaben des Heiligen Geistes aus. Die Bibel
wird als einziges und wahrhaftiges Wort Gottes angesehen. Eine starke Missi-
ons- und Evangelisationsarbeit war ihr besonderes Kennzeichen, insbesondere
die sogenannten »Predigten unter freiem Himmel« (Bergpredigten), die Evange-
lisationskampagnen und die Nachtwachen. Die vor allem bei Straßenpredigten
sichtbare Missionsaufgabe ist das stärkste Merkmal des chilenischen Pentekos-

---

[4] Willis. Hoover, Historia del avivamiento, 54–55. Das Werk Hoovers enthält eine detaillierte Darstellung
    der Anklagepunkte und Anschuldigungen gegen ihn: »Enseñanzas y diseminación de doctrinas falsas y
    anti-metodistas, pública y privadamente.«
[5] Juan Sepúlveda, El nacimiento, in: Maximiliano Salinas, Historia del pueblo de Dios, 255.
[6] Laut Veröffentlichung von 1912 hatte die Methodistenkirche 25 Glaubensartikel.
[7] Vgl. Cecilia Castillo, Tiempo de amar, crecer y soñar – Una propuesta de renovación litúrgica para las
    iglesias pentecostales, Comunidad Teológica Evangélica de Chile, Santiago 1993, 20.

talismus, der eine öffentliche Dimension der Religionsausübung anstrebt. Der Gottesdienst war in der methodistischen Tradition hauptsächlich eine private Angelegenheit und wurde im Inneren der Kirche gefeiert. Bei der Pfingstbewegung wird aber das Private extrapoliert und der Gottesdienst an jene Orte verlegt, wo die Menschen sind und zuhören – also auf der Straße, in ihren Häusern, in den Gefängnissen oder Krankenhäusern. Der Gottesdienst wird ausnahmslos zur Aufgabe von Männern und Frauen.

Die Missionsarbeit und die schnelle Verbreitung der Botschaft in den ärmsten sozialen Schichten führte von den 1930er bis zu den 1970er Jahren zu einem hundertprozentigen Wachstum der Pfingstbewegung[8].

Es muss auch vermerkt werden, dass der missionarische Pentekostalismus im Vergleich zum chilenischen spät einsetzt. Im Folgenden werden einige unterscheidende Merkmale[9] aufgeführt:[10]

Chilenische Pfingstbewegung[9]	Missionarische Pfingstbewegung[10]
Sie hat ihren Ursprung 1909 und basiert auf der Abspaltung von der episkopalen Methodistenkirche. Ihr Wachstum fand zu der Zeit statt, als die Migrations- oder Missionskirchen sich zunehmend behaupteten und ausbreiteten. Am Anfang trug dies zu großen Spannungen gegenüber der episkopalen methodistischen Kirchenleitung sowie in einem beträchtlichen Maß auch gegenüber der	Sie erreichte das Land in den 1940er Jahren als protestantische Äußerung, die aus der Missionsarbeit heraus entstanden ist. Wirtschaftlich war sie von Auslandskirchen abhängig, die zum Unterhalt der Pastoren, zur Finanzierung der Missionsarbeit und zum Bau neuer Gotteshäuser beitrugen. In manchen Fällen behalten sie die Kategorie von Missionaren bei. Diese Art der Pfingst-

---

[8] In diesem Fall wurde sogar von einem explosionsartigen Wachstum gesprochen, d. h. von fast 100 % in diesen Jahrzehnten, im Unterschied zu den 1920er und 1930er Jahren, in denen das Wachstum relativ niedrig war. Dieses explosionsartige Wachstum war zum Teil auf die große Depression von 1920–1930 zurückzuführen. Vgl. Juan Sepúlveda, El crecimiento del movimiento pentecostal en América Latina, in: Pentecostalismo y liberación, Departamento Ecuménico de Investigaciones, San José 1992, 79; siehe auch Arturo Chacón/Humberto Lagos, Los evangélicos en Chile, 28.

[9] Auf die chilenische Pfingstbewegung im Allgemeinen bezogen gibt es jedoch Unterschiede. Tatsächlich ist es nicht möglich, der gesamten chilenischen Pfingstbewegung diese Eigenschaften zuzuschreiben. Die Merkmale sind als allgemeiner Rahmen anzusehen.

[10] Im chilenischen Kontext spricht man besser von »Asamblea de Dios« und nicht von Pfingstgemeinden, da sich in Chile der Ausdruck Pfingstbewegung auf Kirchen bezieht, die aus der Abspaltung von der episkopalen Methodistenkirche hervorgingen oder sich später von anderen Gruppen lösten.

römisch-katholischen Kirche bei. Um die Missionsarbeit umsetzen zu können, wurde ein System der Selbstfinanzierung geschaffen.	bewegung trägt in Chile den Namen der Ursprungskirche – »*Asamblea de Dios*« *(Assembly of God)* – aus den USA oder Schweden. Zu dieser Zeit verzeichnete die chilenische Pfingstbewegung ein starkes Wachstum.
Ihr Organisationsmodell ist bedürfnisorientiert. Die Kirchenleitung übernehmen männliche, mehrheitlich schlecht gebildete Einheimische, was in den ärmsten Schichten der chilenischen Gesellschaft üblich war.	Ihr Organisationsmodell gleicht ihrem Ursprungsland. Pfarrer und Gläubige weisen eine mittlere Schulbildung auf oder haben ein Universitätsstudium abgeschlossen.
Ihre Mitglieder stammen hauptsächlich aus armen Bevölkerungsschichten, wo die Bewegung seit ihren Anfängen wuchs und einen wichtigen Raum einnahm.	Ihre Mitglieder gehören fast alle der Mittelschicht der chilenischen Gesellschaft an.
Ihre Gotteshäuser sind einfach gebaut und das Resultat gemeinsamer Bauarbeiten.	Ihre Gotteshäuser sind architektonisch moderne Bauten. In manchen Fällen besitzen sie ihre eigenen Seminarräume.
Ihre Gottesdienste sind gemeinschaftsbezogen, volksnah und laden zur Teilnahme ein. Die Predigt entspringt der Erfahrung des Redners, der sie mit dem biblischen Text verknüpft und in ein Zeugnis verwandelt.	Die Feier des Gottesdienstes, die Predigt und die religiöse Erziehung folgen einem ausländischen Modell, das eine große kulturelle Abhängigkeit bezeugt. Meistens dient dem Prediger das US-Modell als Bezugsrahmen. Die Predigt ist ausgefeilter, da sie sich an ein Publikum mit höherer Bildung richtet. Elemente der chilenischen Kultur sind nicht sehr gegenwärtig.

Die Ausbildung der meist männlichen Pastoren findet in der eigenen religiösen Gemeinschaft statt. Durch die Leitung von Bibelstudien und der Sonntagsschule sowie die Mitgestaltung von Gottesdiensten kann der Pastor unter den Kirchenmitgliedern selbst ermittelt werden. Es wird nicht unbedingt eine akademische oder theologische Ausbildung vorausgesetzt. Ab den 1960er Jahren vollzog sich diesbezüglich ein bedeutender Wandel.[11]	Ihre Pastoren, meistens männlich, werden in Bibelseminaren ausgebildet.
Es werden diverse ekstatische Zustände oder Manifestationen des Heiligen Geistes akzeptiert bzw. anerkannt, sofern diese die Gemeinschaft stärken: Tanzen, Wehklagen, *Glossolalien* (Zungenrede), Träume, Heilung, Prophezeiungen, Offenbarungen etc.	Die Doktrin der Pfingstbewegung wird hierarchisiert. Unter den ekstatischen Äußerungen nehmen einige einen höheren Rang ein als andere, zum Beispiel die Zungenrede.
Die Mitglieder bezeichnen sich nicht als Fundamentalisten, obwohl einige deren Praktiken übernommen haben. Ein Zweig definiert sich als ökumenisch und beteiligt sich an der Gründung[12] von nationalen und internationalen Organisationen.[13]	Die Mitglieder bezeichnen sich als Fundamentalisten und sind nicht an der Ökumene interessiert. Normalerweise beteiligen sie sich nicht am Dialog mit anderen Kirchen.
In der kirchlichen Unterweisung benutzen einige Unterrichtsmaterial von US-Autorinnen, während andere ihr eigenes Unterrichtsmaterial produzieren[14] und auch Grundkurse für Pastoren und Leiter in Form von ökumenisch-theologischen Seminaren organisieren.	Die kirchliche Unterweisung knüpft an das Modell der Ursprungskirchen an. Das Unterrichtsmaterial stammt aus dem Ausland oder wird im Land übersetzt.

Von Anfang an hat ein Zweig der chilenischen Pfingstbewegung bei sozialen und politischen Ereignissen im Land wie auch in den Berufsverbänden mitgewirkt.	Die Mitglieder sprechen sich für politische Enthaltung aus und beteiligen sich weder an sozialen oder politischen Organisationen noch an Berufsverbänden. Die *Asembleas*-Mitglieder machen einen kleinen Prozentsatz aus gemessen an der ganzen chilenischen Pfingstbewegung, die im Durchschnitt 70 % aller Evangelikalen in Chile ausmacht

Zeugnis und Einheit: pfingstkirchliche Partizipation

Abgesehen von der schwierigen Aufgabe, die These der Einheit der Pfingstbewegung zu vertreten, können die Vorkommnisse ab den 1960er Jahren nicht außer Acht gelassen werden.

Im Jahr 1961 wurden zwei Pfingstkirchen auf der 3. Hauptversammlung des Weltkirchenrats in Neu Delhi als Vollmitglieder[15] aufgenommen. Sie waren weltweit die ersten, die einen solch bedeutenden Schritt taten.

1964 gründeten vier chilenische Pfingstkirchen zusammen mit anderen Kirchen die »Evangelisch-Theologische Gemeinschaft von Chile« (CTE). Jahre spä-

[11] Zurzeit sind theologische Studien in mehreren Kirchen der Pfingstbewegung offen zugänglich, sowohl für die Laien als auch für die Pastoren. Mit der Entstehung der Theologisch-evangelischen Gemeinschaft von Chile in den 1960er Jahren werden zahlreiche Grundkurse für die Pfingstgemeinden angeboten. Auch am Universitätsprogramm nehmen viele Studenten, die einer Pfingstkirche angehören, teil.

[12] Auf ganz Lateinamerika bezogen: die Gründung des Lateinamerikanischen Kirchenrats CLAI. Auf nationaler Ebene: Evangelisch-Theologische Gemeinschaft von Chile (CTE), die Stiftung für Soziale Hilfe der Christlichen Kirchen (FASIC), die Christliche Bruderschaft der Kirchen (CCI) und die »Coordinación Evangélica« (evangelische Koordination), später als »Coordinación de Organismos Evangélicos« (Koordination evangelischer Organisationen) bekannt.

[13] 1961 wurden zwei chilenische Pfingstkirchen in der 3. Vollversammlung des Weltkirchenrats in Neu Delhi als Vollmitglieder aufgenommen: die Iglesia Pentecostal de Chile (Pfingstkirche Chile) und die Misión Iglesia Pentecostal (Pfingstmissionskirche). Sie waren die ersten Pfingstkirchen in der Welt, die solch einen bedeutenden Schritt taten.

[14] Besonders zu erwähnen ist das von mehreren chilenischen Kirchen geschaffene »Vereinte Projekt zur Christlichen Erziehung« (PUEC), das im Schoße der Pfingstmissionskirche mit der Unterstützung von Mark Riesen, ökumenischer Mitarbeiter der Basler Mission, entstand. Ausarbeitung von Materialien und kirchliche Unterweisung.

[15] Zurzeit sind fünf chilenische Kirchen Mitglieder des Weltkirchenrats, drei davon Pfingstkirchen: die Misión Iglesia Pentecostal (MIP, Pfingstmissionskirche), die Iglesia Pentecostal de Chile (Pfingstkirche Chile) und die Iglesia Misiones Pentecostales Libres (Freie Pfingstmissionen).

ter trugen sie aktiv zur Gründung der »Christlichen Bruderschaft der Kirchen« (CCI) bei. Während der Militärdiktatur in Chile nahm ein Teil der Pfingstkirchen aktiv an der Verteidigung der Opfer von Menschenrechtsverletzungen teil und beteiligte sich zusammen mit anderen reformierten Kirchen[16] und mit der katholischen Kirche an gemeinsamen Aktivitäten.

In Lateinamerika beteiligt sich ein hoher Prozentsatz der Pfingstkirchen seit ihren Ursprüngen an der Entstehung, Schaffung und dem Ausbau des Lateinamerikanischen Kirchenrates (CLAI)[17]. In diesem Sinne sind im Jahr 1978 Pfingstkirchen von Brasilien, Chile, Uruguay, Argentinien, Mexiko, Puerto Rico, der Dominikanischen Republik, Venezuela, Kolumbien und Zentralamerika bei seiner Entstehung in Oaxtepec, Mexiko, dabei. 1982 fand die Gründungsversammlung des CLAI in Huampaní, Peru, statt, dem sich weitere chilenische Pfingstkirchen anschlossen, insgesamt zwölf Pfingstkirchen in Lateinamerika.

Die lateinamerikanische und karibische Pfingstbewegung hat bedeutende Fortschritte gemacht und einen hohen Reifegrad bewiesen als Kirchen, die sich nicht nur um ihre eigenen Belange kümmern, sondern am Dialog mit anderen Kirchen teilnehmen.

1990 wurde die evangelisch-pfingstliche Kommission für Lateinamerika (CEPLA) gegründet, »die ein maßgebendes Komitee für den Dialog, die Kooperation, Reflexion und Solidarität unter den Pfingstlern ist«[18].

Von 1989 bis 1993 wurden vier wichtige Konferenzen unter dem Titel EPLA (*Encuentro Pentecostal Latino-Americano*, lateinamerikanisches Pfingstlertreffen) abgehalten: 1989 in Argentinien, 1991 in Chile, 1992 in Brasilien und 1993 in Costa Rica. Diese Versammlungen verfolgten vier Ziele: den Dialog zwischen ökumenischen Pfingstlern, den Dialog mit anderen Pfingstlern, den Dialog mit Katholiken und den Dialog mit anderen Religionen.

Im November 1992 fand das zweite lateinamerikanische Pfingstlertreffen mit dem Leitspruch »Das Wirken des Heiligen Geistes in der Kirche und in der Schöpfung« statt. Daran nahmen mehr als 50 Denominationen und circa 120 Pfingstler aus den 15 Ländern des lateinamerikanischen Kontinents teil. Zuvor

---

[16] Hier wird auf die Einwanderer- und Missionskirchen, auch evangelisch-reformierte Kirchen genannt, Bezug genommen. Der Ausdruck »evangelische Kirchen« (oder auch Freikirchen) bezieht sich auf die sogenannten historischen Pfingstkirchen.

[17] Besonders hervorzuheben ist, dass im CLAI gerade in Chile die größte Anzahl von teilnehmenden Kirchen und Organisationen vereint ist.

[18] Ofelia Ortega, Ecumenismo de Espírito, in: Na força do Espírito – Os pentecostais na América Latina: Um desafio às igrejas históricas, São Paulo 1996, 240.

wurde in San José, Costa Rica, das erste lateinamerikanische Pfingstlerinnentreffen und 1989 das erste Treffen zum Pfingstdialog in Buenos Aires, Argentinien, abgehalten.

Dies war Ausdruck einer Öffnung der Pfingstkirchen in Richtung des Dialogs und der ökumenischen Dimension, hin zum Weltkirchenrat (ÖRK) und auch zum Lateinamerikanischen Kirchenrat (CLAI). Die verschiedenen Stufen der Integration und Partizipation der Pfingstkirchen in den ökumenischen Reflexionsprozessen stellten sowohl für sie als auch für die anderen Kirchen einen bedeutenden Fortschritt dar.

In welchem Sinn bedeutete es einen Fortschritt? Die Qualität der Diskussion, der Reflexionen und des Dialogs verbesserte sich, besonders in Bezug auf die gemeinsamen Aktionen, die die christlichen Kirchen im Laufe der Entwicklung in Lateinamerika durchgeführt hatten und die zu konkreten Positionen hinsichtlich ihrer Diskurse und Praktiken führten. Die Beziehungen zwischen den evangelischen Kirchen, dem Staat und der bürgerlichen Gesellschaft wurden gestärkt.

In Bezug auf kircheninhärente Themen soll die Qualität der Diskussionen und Überlegungen unterstrichen werden, die schon vor einiger Zeit in der *Oikoumene* und der Pfingstbewegung begannen[19]. In diesem Zusammenhang werden die Worte der Pastorin Ofelia Ortega der presbyterianischen Kirche von Kuba zitiert, die eine der Präsidentinnen des ÖRK war. In ihrem Artikel *Ecumenismo del Espíritu* (Ökumenismus des Heiligen Geistes) beschreibt sie die Wichtigkeit der Beteiligung der Pfingstbewegung an der ökumenischen Bewegung, was als transzendentales Ereignis angesehen wird.

> »Die lateinamerikanischen Pfingstler der Kirchen, die die Einheitsbewegung der CEPLA bilden und aktiv am CLAI mitwirken, halten fest, dass der wichtigste Beitrag der Pfingstbewegung darin besteht, daran zu erinnern, dass das Ökumenischste der Heilige Geist ist. Deshalb se-

---

[19] Vertreter der katholischen und orthodoxen Kirchen und von neun protestantischen und evangelischen Kirchen (Pfingstkirchen) in Chile entschieden die gegenseitige Anerkennung der Taufe: »Das Abkommen wurde gestern, am 19. Mai, im Rahmen der Semana de la Unidad de los Cristianos (Woche der christlichen Einheit), unterzeichnet – als Ergebnis einer zweijährigen von zehn Theologen verschiedener Kirchen durchgeführten Studie. Gemäß dem von ihren Vertretern unterschriebenen Dokument vereinbaren die unterzeichnenden Kirchen die wechselseitige Anerkennung der als Sakrament in unseren Kirchen gefeierten Taufe, sofern diese ›ordnungsgemäß mit Wasser vollzogen wird‹, sei dies durch Besprengen oder Eintauchen, und ›im Namen des Vaters, des Sohnes und des Heiligen Geistes‹.« Unter den Pfingstkirchen, die das Dokument unterschrieben, befinden sich: die Misión Iglesia Pentecostal, Iglesia Comunión de los Hermanos, Iglesia Evangélica Reformada, Iglesia Wesleyana, Iglesia Misiones Pentecostales Libres, Iglesia Misión Apostólica Universal und Iglesia Evangélica de las Sendas Antiguas. Vgl. Agencia Latinoamericana de Comunicación, Acuerdo entre Iglesias – Bautismo, 20.5.1999.

hen sie als ihre Aufgabe und Ziel die Erweiterung des Kreises der beteiligten Pfingstkirchen am ‚Ökumenismus des Heiligen Geistes' zum Erreichen der pfingstkirchlichen Einheit. Wir, die wir von den sogenannten historisch gewachsenen Kirchen kommen, müssen verstehen, dass dieser ‚Ökumenismus des Heiligen Geistes' heißt, dass die Pfingstler in der ökumenischen Bewegung als historische Subjekte Aufnahme finden müssen, mit ihren eigenen Themen der Reflexion, ihren Symbolen und ihren gemeinsamen liturgischen Ausdrucksformen, wie dieses ‚Erleben' des Heiligen Geistes im täglichen Leben, das für die traditionellen Kirchen so befremdlich ist.«[20]

Pfingstlerinnen im ökumenischen Dialog

Aufgrund der Auswirkungen der Versammlungen der Evangelisch-pfingstlichen Kommission für Lateinamerika und den daraus resultierenden Herausforderungen erklärten die teilnehmenden Frauen die Notwendigkeit, sich zum Zweck der Einheit und des Dialogs als Pfingstlerinnen zu treffen – mit dem Ziel, verschiedene gemeinsame Themen zu vertiefen.

Im konkreten Fall Chiles fand in der Stadt Concepción, im Süden Chiles, vom 22. bis zum 24. 7. 1992 die erste nationale Begegnung von Pfingstlerinnen statt. Es nahmen circa 100 Frauen aus 16 chilenischen Städten, die 36 pfingstkirchliche Denominationen vertraten, daran teil. Ebenfalls waren katholische, lutherische und presbyterianische Beobachterinnen anwesend sowie Repräsentantinnen von unterschiedlichen ökumenischen Institutionen. Zugegen war auch die Pfarrerin Elida Quevedo der *Unión Evangélica Venezolana*, Vertreterin des Organisationskomitees der ersten lateinamerikanischen Begegnung von Pfingstlerinnen.

»Die Initiative, diese Begegnung zu organisieren, entstand nach dem ersten nationalen Treffen zum Pfingstdialog im Jahre 1991 in der Stadt Concepción, bei dem – trotz des geringen Frauenanteils – das Thema der Rolle der Frau in der Kirche und der Gesellschaft auf großes Interesse bei den Teilnehmern und Teilnehmerinnen stieß. SEPADE, die organisierende Institution beider Treffen, nahm die Herausforderung an, eine Antwort auf diese wichtige Frage zu geben und forderte Kirchen und ökumenische Organisationen auf, einen Organisationsausschuss für die erste nationale Begegnung von Pfingstlerinnen zu bilden. Dieses Komitee bestand mehrheitlich aus Pfingstlerinnen der einberufenden Kirchen und ökumenischen Institutionen (Iglesia Eben-Ezer Pentecostal, Misión Apostólica Universal, Iglesia Pentecostal de Chile, Iglesia Wesleyana Independiente,

---

[20] Ofelia Ortega, Signos de vida – La unidad de los pentecostales, 243.

Iglesia Wesleyana Nacional, Misión Iglesia Pentecostal. Ökumenische Institutionen: Evangelisches Zentrum CEMURI, Evangelisch-theologische Gemeinschaft CTE, Evangelischer Entwicklungsdienst SEPADE). Mehrere Monate lang nahm das Komitee seine Aufgabe mit großer Begeisterung wahr und sah darin die Verwirklichung eines lange gehegten Traums.«[21]

Das Hauptziel der Versammlung war der Erfahrungsaustausch zwischen zwei gemeinsamen Identitäten, d. h. Frau und Pfingstlerin; das Thema, das von Anfang an aufkam und danach zum Leitfaden werden sollte, war »Die Frauen in der Geschichte der Pfingstkirchen«.

Die Geschichte der Frauen in der Bibel bis zum heutigen Tag wurde mit einer erlebnisorientierten und kreativen Methode aufgerollt. Die Bibel wurde aus der Sicht der Frau neu gelesen, wobei die Gender-Perspektive zaghaft in Erscheinung trat. Die innige Bindung der Frauen an ihre Glaubensgemeinschaften fand ihre Bestätigung. »Kirchenspaltungen sind schmerzhaft und nicht durch die Frau gemacht«,[22] schloss eine Teilnehmerin.

Bei der zweiten nationalen Begegnung der Pfingstlerinnen, die vom 22. bis zum 24. 3. 1994 in Concepción stattfand, wurden die beim ersten Treffen angesprochenen Themen vertieft. Die Frauen wurden aufgefordert, durch eine partizipative und erlebnisorientierte Methode pfingstlerische Spiritualität in dem Kontext ihrer täglichen Erfahrungen selbst zu entdecken. Frauen aus »44 pfingstlerischen Denominationen in Chile«[23] machten aufschlussreiche Angaben über die Pfingstlerin und ihre eigenen konstruierten Bilder. Auf diese Begegnung folgten diverse Initiativen zum ökumenischen Dialog zwischen Frauen, wie zum Beispiel die Bildung des nationalen Verbands ökumenischer Frauen (*Asociación de Mujeres Ecuménicas Nacionales*, AMEN).

Die Praxis der Pfingstlerinnen in ihren Kirchen und auf ihrem ökumenischen Weg weist interessante Aspekte auf, die beim Aufschreiben von Ereignissen des Pentekostalismus und des Ökumenismus berücksichtigt werden müssen. Die »offizielle Geschichte« nennt sie nicht und erkennt sie nicht an. Daher stellte es

---

[21] Diese Geschichte erscheint in dem Dokument zur Systematisierung des ersten nationalen Treffens der Pfingstlerinnen, das von Claudia Bandixen-Widmer verfasst und dem evangelischen Entwicklungsdienst SEPADE vorgestellt wurde. Santiago, November 1993, 1–14. Besonders erwähnenswert ist das Werk von Claudia Bandixen-Widmer und Teresa Riesen über die Bildungsprozesse zur Führerschaft von Pfingstlerinnen aus ihrer Sicht als ökumenische Mitarbeiterinnen der Basler Mission.

[22] A. a. O. 13.

[23] Claudia Bandixen/Cecilia Castillo, II Encuentro Nacional de Mujeres Pentecostales. Un Espíritu, muchos dones, in: Evangelio y Sociedad. Servicio Evangélico para el Desarrollo, Santiago 1994, n. 20, 22.

eine ernsthafte Herausforderung für die Konstruktion von neuen Paradigmen in der ökumenischen Arbeit dar, sie aufzudecken und zu enthüllen. Dabei sollten die Punkte einbezogen werden, die die Frauen in ihren Erzählungen und bei den verschiedenen Treffen, an denen sie teilnahmen, betonten. Ganz besonders sind die alltäglichen Handlungen in ihren eigenen Gemeinschaften zu beachten, um die Zeichen einer neuen Zeit, die im Bereich der *Oikoumene* erlebt werden, sichtbar zu machen und zu verstehen.

Einige Ausführungen

Der ökumenische Beteiligungsgrad der Pfingstkirchen ist noch unzureichend. Nach unserem Verständnis ist diesbezüglich eine zaghafte Öffnung der ökumenischen Organisationen in Richtung der pfingstkirchlichen Welt festzustellen, wobei jedoch keine absolute Klarheit über den Pentekostalismus als Bewegung besteht, was wiederum die Entstehung von stereotypisierenden Vorurteilen erlaubt.

Andererseits ist die Pfingstbewegung gegenüber dem Ökumenismus auch weniger offen aufgrund des zurzeit auf dem Kontinent herrschenden Konservativismus, der auf die traditionellen und pfingstlerischen Kirchen einen großen Einfluss ausübt.

Zu diesem kontinentalen Panorama kommt die durch die Mega-Kirchen getragene Wohlstandstheologie, die u. a. keine ökumenischen Praktiken hat. Diese Situation wird angesichts der Paradigmenkrise, in der sich der Ökumenismus schon seit einiger Zeit in der ganzen Welt befindet, immer offenbarer.

Um den Dialog fortzusetzen

Man kann sagen: Die Arbeitsbeziehungen und die Kooperation zwischen der Basler Mission, später *Mission 21*, und den Kirchen und ökumenischen Organisationen in Lateinamerika in der jüngeren Vergangenheit (als die Karibik noch kein Teil dieses Vorschlags war) ist die Geschichte von Begegnung und Entfremdung, denn diese Verbindung begann in der Basler Mission vor vierzig Jahren, insbesondere durch die Pfingstbewegung und ihre ökumenische Öffnung.

Wichtig waren in diesem Prozess die Präsenz und die engagierte Arbeit der ökumenischen Pfingstlerinnen und ihr Festhalten an neuen Formen des Verständnisses des Wesens von Kirche und Mission in verschiedenen Kontexten, wie sie die herrschende Realität erfordert. Konkret bedeutet dies ein engagiertes Handeln der Glaubensgemeinschaften, in denen die Frauen – und speziell die ökumenisch orientierten unter ihnen – wuchsen und neue Ideen zu einem zweispurigen Weg der »Geschlechterzusammenarbeit« und weitere Orientierungsgrundlagen einbrachten. Die Volksbildung, die so bekannt war und von Lateinamerika aus in der Welt verbreitet wurde, war auch ein grundlegender Teil dieses verlernten Lernens.

Könnte man bei der Beurteilung des 200-jährigen Werks der Basler Mission von einer Aufgabe der Evangelisation und Mission »aus der Sicht der Peripherie« sprechen, gemäß der ÖRK-Erklärung »Gemeinsam für das Leben: Mission und Evangelisation in sich wandelnden Kontexten«? Könnte man sagen, dass diese Erfahrung innerhalb der Pfingstbewegung gemacht wurde?

Im oben genannten Dokument wird betont:

> »… Evangelisation geschieht in sich selbst entäußernder Demut, in Achtung vor anderen und im Dialog mit Menschen anderer Kulturen und Religionen. Sie sollte sich in dieser Ausrichtung ebenso unterdrückerischen und dehumanisierenden Strukturen und Kulturen widersetzen, die im Widerspruch zu den Werten des Reiches Gottes stehen.«

Wir glauben und vertrauen darauf, dass die Mission und der 200-jährige Einsatz der Basler Mission, heute *Mission 21*, »von der Peripherie aus« auf lateinamerikanischem Boden erfolgte, mit der Überzeugung, dass sie sich weiterhin Herausforderungen auf der Suche nach dem guten Leben stellen und uns herausfordern wird.

Von Lateinamerika und der Karibik aus, gleich dem biblischen Bild des kleinen, treuen Überrests, arbeiten wir weiterhin in kleinen Gemeinschaften für das Leben und das Leben in Fülle, so wie Jesus es mit neuen Gesten und neuen Blicken verkündete. Wir folgen weiterhin unseren Spuren auf diesem heiligen Boden für Seine Heilung. Wir werden weiterhin in unserer Spiritualität Erlösung suchen, was auch in unserem Körper Ausdruck finden wird. Wir segnen unsere uralten Wurzeln und verkünden weiterhin ungebeugt die Gute Nachricht, übertragen in einen Raum für ein erfülltes Leben und menschliche Würde.

(Dr. Cecilia Castillo Nanjarí ist Koordinatorin für Frauen- und Geschlechtergerechtigkeit des Lateinamerikanischen Kirchenrates (CLAI) in Ecuador)

»Umkehrmission« – Vom Abgesang eines Mythos im Treppenhaus migratorischer Ökumene

Andreas Heuser

In jüngster Zeit geistert eine Chimäre durch die Schweizer Medienlandschaft. Das Trugbild kreist um die Pathosformel der »Umkehrmission« oder »reverse mission«, die eine Rückgewinnung der säkularen Schweiz für das Christentum durch den missionarischen Eifer von sog. Migrationskirchen besagt. Tatsächlich tauchen in immer kürzeren Sequenzen Berichte über Migrationskirchen auf. Zeitungsrecherchen, TV-Dokumentationen und Radio-Sendungen geben Einblick in den kirchlichen Binnenraum von »weithin unbekannten Nachbarn«.[1] Wohl ist es so, dass bis vor kurzem die religiösen Identitäten von migrierenden Menschen in der Berichterstattung nebensächlich waren. Das hat sich gewandelt im Gesichtsfeld der geopolitischen Migrations- und Flüchtlingstragödien dieser Tage und Monate. In die bitterste humanitäre Katastrophe unserer Zeit mischen sich beschämende Bilder religiös-fundamentalistischen Terrors, das Entsetzen über massenhafte Menschenrechtsverletzungen aufgrund religiöser Andersheit, die Drangsal verfolgter religiöser Minderheiten überall in der Welt. Sicher schwingen die ethischen Dilemmata, die politische Hilflosigkeit, die moralische Entrüstung, der wir uns schwer zu entziehen vermögen, in der medialen Präsenz von Migrationskirchen in der Schweiz als Subtext mit. Auf den ersten Blick aber überrascht das Berichtsgenre zu Migrationskirchen – in eklatantem Unterschied etwa zur Einwanderung von muslimischen Gläubigen – mit einem augenschein-

---

[1] Vgl. in Auswahl die Reportagen zum Thema von Migrationskirchen in »reformiert" Nr. 51 vom Mai 2013; die Dokumentation »Kreuzzug – Das neue Christentum« von Andrea Müller und Adrian Zschokke in der SRF-Sternstunde vom 22. Juni 2014, sowie den Thementag zu Mission im sr2 vom 8. April 2015. Siehe Andreas Heuser, Weithin unbekannte Nachbarn. Migrationskirchen in Deutschland zeigen die Vielgestaltigkeit von Kirche, Herder Korrespondenz 61/4, 2007: 212–215.

lich entpolitisierten Wahrnehmungsmuster: die mediale Inszenierung konnotiert das Selbstverständnis jener »unbekannten Nachbarn« mit dem Kriterium der Umkehrmission, also mit einem in spezifischer Weise spiritualisierten Handlungsimpuls, der als revers-missionarisch gekennzeichnet wird. Das bedeutet zugleich, dass die derzeit sich beschleunigende feuilletonistische Entdeckung von Migrationskirchen in der Schweiz die Frage der »Mission« mit verhandelt.

Die mediale Rahmenerzählung verweist das jüngere transnationale Phänomen von Migrationskirchen auf das neunzehnte »Jahrhundert der Mission« (Gustav Warneck) zurück, das mit der Basler Mission ein starkes Lokalkolorit trägt. Letzten Endes erfolgt der Durchbruch des Gegenstands der Migrationskirchen im Gesichtskreis des zweihundertjährigen Jubiläums der Basler Mission im September 2015. Als inneres Bindeglied zwischen Missionsgeschichte und aktueller Präsenz von Migrationskirchen taucht auch hier die Formel einer »Umkehrmission« auf. Werfen wir einen kurzen Rückblick auf das Jubiläumsszenario: das Gedenken an die Gründung der Basler Mission erfolgte in einem differenziert angelegten Jahreskalender, mit jeweils unterschiedlichen Schwerpunktsetzungen. Die Jubiläumsanlässe wurden öffentlichkeitswirksam in Medien platziert; so auch die Ausrichtung des Internationalen Symposions zum zweihundertjährigen Bestehen der Basler Mission (24.–26. September 2015, Basel).[2] Dieses Symposion trug den programmatischen Titel: »Die Basler Mission 1815–2015: Zwischenbilanz ihrer Geschichte – Schritte in die Zukunft«. In polyzentrischer Perspektive[3] verband es Rückblicke auf Basler Missionsgeschichte mit Ausblicken auf künftig sich abzeichnende kirchlich-missionarische Praxisfelder auf nationaler wie internationaler Ebene. Unter den Ausblicken fand sich nun eben auch die Hauptrubrik »Umkehr der Mission – Europa als neues Missionsfeld«. Unter dieser Agenda der Umkehrmission sollte die Präsenz von Migrationskirchen in der Schweiz beleuchtet werden. Migrationskirchliche Praxis kam als ökumenische Herausforderung in den Blick; sie aktualisiere, so die vermeintliche Leitbotschaft der Organisatoren, Basler Missionserbe.

Wie die folgende Gedankenführung zeigt, besteht in der Sache allerdings ein impliziter Widerspruch. Der Begriff der Umkehrmission opponiert gegen einen polyzentrischen Ansatz der Geschichtsschreibung der Basler Mission. Mehr

---

[2] Dieser Beitrag ist die überarbeitete Version des als Keynote vorgesehenen Symposionvortrags zur »Umkehrmission«.

[3] Zu diesem von Klaus Koschorke inspirierten Ansatz siehe z.B. Klaus Koschorke / Adrian Hermann (Hg.): Polycentric Structures in the History of World Christianity, Wiesbaden: Harrassowitz, 2014.

noch: der migrationskirchlich identifizierte Anspruch einer »reverse mission« immunisiert gegen einen konstruktiven Gebrauch des Missionsbegriffs, und er verfestigt darüber hinaus stereotype Auffassungen über Migrationskirchen. Das mediale Aufmerksamkeitspendel exotisiert migrationskirchliche Nachbarn anhand der vermeintlichen revers-missionarischen Praxis zum einen als Fremdkörper in der Schweizer Kirchenlandschaft; zum anderen schlägt es gegen das Bemühen aus, den in der öffentlichen – und nicht zuletzt auch in der landeskirchlich-schweizerischen – Deutung ohnehin leicht verletzbaren Begriff der Mission auch aus Anlass des Basler Missionsjubiläums neu zu füllen. »Mission«, gerade eben als öffentliches Thema entdeckt, wird damit im medialen Umgang als evangelisatorischer Aktionismus geprägt. Was in aller Welt hat es bloss mit diesem *unheimlichen Pakt* von Mission und Umkehrmission auf sich?

Die Kernformel von der »Grossen Mission« und ihrer »Umkehr«

Medienpolitisch – dies verdient Erwähnung – ereignet sich die Beschreibung von migrationskirchlichen Milieus in einer Öffentlichkeit, die sich schlechterdings nicht als religiös oder gar kirchlich affin versteht. Blicken wir auf eine Schwerpunktausgabe der in Basel erscheinenden »TagesWoche« vom Herbst 2014. Unter dem Titel der »Grossen Mission« widmet sich die Wochenzeitung der Geschichte und Bedeutung der Basler Mission. Im Blickfeld der (im Sinne einer ganzheitlichen Vision individueller und gesellschaftlicher Transformation) wohlwollend gewürdigten Basler Missionsgeschichte lokalisiert die »TagesWoche« eben auch hiesige Migrationskirchen. Der »TagesWoche« zufolge beerben Migrationskirchen den Evangelisationsimpuls der Basler Mission. Unter der Rubrik einer »Re-Christianisierung« der Schweiz und gesamt Europas tritt uns die Schlagzeile entgegen: »Afrikaner missionieren das gottlose Europa.« Damit treten Migrationskirchen als zentrale Akteure eines imaginierten, aktuell sich vollziehenden Christianisierungsschubs in Erscheinung. Der Autor, Samuel Schlaefli, kommentiert ein epochales missionsgeschichtliches Austauschgeschehen: »Während Jahrhunderten verkündeten europäische Missionare das Evangelium in Afrika. Heute reisen Prediger-Stars aus Afrika in die alte Welt zurück, um Europas Ungläubige zu bekehren.«

Porträtiert werden einzelne westafrikanische »Prediger-Stars« der jüngeren Pfingstbewegung. Der Autor beschreibt diese vermeintlichen Hauptakteure einer modernen Konversionsdynamik in sprachlich distanzierenden Skizzen. Sie inszenierten Massenveranstaltungen, die auf abendlichen Grossbühnen stattfänden und träten im Habitus von »Popstars« in Erscheinung oder predigten in westlichen Designeranzügen. Es werden Gottesdienstszenen umrissen, in denen Gläubige in ein »unverständliche(s) Brabbeln in einem Trance-ähnlichen Zustand« verfallen.[5] Zentral seien Heilungsperformanzen mit »viel Tamtam«. Es ist offenkundig, dass der Autor wenig darum bemüht ist, die Verweise auf pentekostale Glaubenspraxis wie die der Zungenrede oder der rituellen Komplexe um das Wirken und Eindämmen sog. dämonischer Mächte (wie etwa im Zusammenhang von *deliverance*-Gottesdiensten) auszuleuchten – das sensationell-karikierende und tendenziös-abwertende Darstellungsmotiv herrscht vor.

Zur Avantgarde dieser Prediger-Stars wird auch Bischof Dag Heward-Mills gerechnet, Gründer von *Lighthouse Chapel International*, einer Megakirche aus Ghana. Lighthouse Chapel International (LCI) reklamiert ein grosses Netz von Ortsgemeinden auf der ganzen Welt, darunter auch in der Schweiz. Die TagesWoche beschreibt in entsprechender Diktion den Gottesdienst einer solchen Gemeinde in Basel. Die Wortwahl ist erneut aussagekräftig, sie kommt der Persiflage gottesdienstlichen Lebens einer Migrationsgemeinde nahe. Umhüllt von »kitschige(r) Musik« und »fröhliche(m) Geschunkel« fühlt sich der Autor an ein »Musikantenstadl« erinnert. Hier sind nicht einmal Spurenelemente des Versuchs eines Fremdverstehens zu erkennen. Zumindest aber kommt es zu einem Nachgespräch. Im Anschluss an den Gottesdienst bezieht sich der Leiter der Basler Lighthouse Chapel Gemeinde positiv auf das Erbe der Basler Mission in Ghana, ihrem ehemals ältesten Missionsgebiet; die Basler Mission habe neben »Bildung und Gesundheitswesen … vor allem das Wort Gottes gebracht«. In diesem Zusammenhang – und wohl erst auf explizite journalistische Nachfrage – fällt das Motiv der »Umkehrmission«: »Es wird Zeit«, so wird der Leiter zitiert, »dass wir das Wort Gottes zurück bringen und die Schweiz retten.« Die Gemeinde selbst, so charakterisiert der Autor, sei mit 35 Teilnehmenden, einschliesslich Kindern, von überschaubarer Grösse und ziehe allein einen afrikanisch stämmigen Personenkreis an. Entgegen diesem offenkundig begrenzten Einfluss von Lighthouse Chapel in Basel ziele die »Umkehrmission« laut Auskunft des Leiters jedoch nicht speziell auf die Integration von afrikanischen Im-

---

[4] Samuel Schlaefli, TagesWoche 43/14, 24. Oktober 2014: 13.
[5] Samuel Schlaefli, TagesWoche 43/14, 24. Oktober 2014: 13–14.

migranten: »Wir sind offen für alle. Aber wir wollen nicht in erster Linie Migranten anziehen, sondern Schweizer.« Mit süffisant-überlegenem Unterton versehen bilanziert der TagesWoche-Autor am Ende des Gesprächs, er lasse den Gemeindeleiter »im Glauben zurück, dass er heute mal wieder eine Schweizer Seele gerettet (habe).«[6]

Was bedeutet hier »Umkehrmission«? Wir gehen gleich darauf ein. Zunächst einmal – abstrahieren wir ganz vom journalistischen Darstellungsgenre – suggeriert die selbstverständliche Anwendung des Begriffs der Umkehrmission eine offenbar allseits geteilte Übereinkunft über dessen Tragweite und Bedeutung. Dieses Allgemeinwissen geht weit über journalistischen Gebrauch hinaus. Denn nicht zuletzt taucht der Begriff der Umkehrmission als Grundkonstante auch in akademischen Veröffentlichungen zu Migrationskirchen auf. Umkehrmission hat sich als vermeintliches Charakteristikum bereits in der Anfangsphase der deutschsprachigen migrationskirchlichen Forschung um die Jahrtausendwende festgesetzt. Bemerkenswert ist, dass in diesen Ersterwähnungen revers-missionale Migrationskirchen als einer unter mehreren vorfindlichen Typen benannt werden. Dennoch avanciert Umkehrmission zum identifikatorischen Leitbegriff im Umfeld von Migrationskirchen.[7] Diese Ambivalenz von empirischer Präsenz und theologischer Repräsentanz von Migrationskirchen setzt sich seither unvermindert fort. Er hat sich derart massiv durchgesetzt, dass darunter Migrationskirchen als revers-missionarische Bewegung insgesamt klassifiziert werden.[8] Inzwischen also kann die Umkehrmission als migrationstheoretischer Referenzbegriff angesehen werden. Kaum hörbar sind die wenigen vorsichtigen Einwände gegen diese allgemeine Zuschreibung der Umkehrmission auf migrationskirchliche Milieus. Einen solchen, wiewohl impliziten Einspruch formuliert Bianca Dümling. Dümling, die im Rahmen ihrer empirischen Studie zu Migrationskirchen in Deutschland, wohlgemerkt unter anderem auch das Phänomen der Umkehrmission anspricht, irritiert mit einer Feststellung, die Umkehrmission als gefügten und vollständig erfassten Begriff verwenden zu können:

[6] Samuel Schlaefli, TagesWoche 43/14, 24. Oktober 2014: 15.
[7] Die wahrscheinlich früheste Nennung des Phänomens der Umkehrmission im Zusammenhang mit migrationskirchlicher Präsenz in Mitteleuropa findet sich bei Claudia Währisch-Oblau, From Reverse Mission to Common Mission … We Hope, in: International Review of Mission 89 (354) 2000: 467–483.
[8] Vgl. z.B. Ursula Harfst, Reverse Mission – Deutschland als Missionsland, in: EMW (Hg.), Zusammen wachsen: weltweite Ökumene in Deutschland gestalten, Hamburg: Breklumer Verlag, 2011: 29–40.

»Es ist kaum möglich, über die der ›Reversen Mission‹ zugrunde liegende Missionstheologie und –praxis, (sic) eine differenzierte Aussage zu machen, da diese selten schriftlich fixiert oder reflektiert sind.«[9]

Und doch ist es so, als ob sich am Begriff der Umkehrmission ein magnetisierender Diskurs angelagert hätte – völlig jenseits des zur behutsamen Verwendung des Terminus gemahnenden Einwands Dümlings. Es ist ein Diskurs, der ein Eigenleben generiert, ohne wirklich geerdet zu sein in der kirchlichen Alltagspraxis von Migrationskirchen.[10] Was also macht die Faszination dieses Begriffs der Umkehrmission aus? Welches sind die Chiffren, Bausteine und Subtexte, die sich in den hier besprochenen medialen Darstellungsweisen, aber genauso auch im akademisch-theologischen wie kirchlichen Sprachgebrauch zur Umkehrmission bündeln?

Genese, Konstruktion und Chiffren der sogenannten Umkehrmission

Auffällig ist, dass das in den Medien tradierte Verständnis von Umkehrmission sich auf die »Grosse Mission« bezieht. Es operiert mit einem bipolaren Analyseschema. Kirchen- und Missionsgeschichte wird in eine Nord-Süd bzw. Süd-Nord-Achse eingeschrieben. Die Formel der Umkehrmission wendet ein einfaches Übertragungsmodell an: das ehedem als Fremdimport in den Süden verfrachtete abendländische Christentum wird nunmehr als Rückimport wieder angeliefert. Allerdings ergibt sich eine narrative Spannung, denn das zurückgekehrte Christentum bildet nicht einfach eine Kopie des Originals, sondern taucht eher als eine Mimikry der »Grossen Mission« in hiesigen Religionsreliefs auf. Es hat sich vom Original sichtlich entfernt, beansprucht jedoch eine ähnlich

---

[9] Bianca Dümling, Migrationskirchen in Deutschland: Orte der Integration, Frankfurt am Main: Lembeck, 2011: 182. Übrigens leitet Dümling das Konzept der Umkehrmission aus dem nordamerikanischen »Faith Movement« ab, einen Ursprung, der mir nicht plausibel erscheint (s.u.).

[10] Vgl. dezidiert Paul Freston, Reverse Mission: A Discourse In Search Of Reality? PentecoStudies: An Interdisciplinary Journal for Research on the Pentecostal and Charismatic Movements 9 (2) 2010: 153–174. Ich selbst habe in einer frühen empirisch-komparativen Studie zum Missionsverständnis in Migrationskirchen auf die Vielfalt von Missionskonzepten hingewiesen. Umkehrmission spielt keine tragende Rolle, vgl. Andreas Heuser, »Odem einzuhauchen in verdorrtes Gebein«: Zum Missionsverständnis ausgewählter afrikanischer Kirchen in Hamburg, in: Ursula Günther et.al. (Hg.): Theologie – Pädagogik – Kontext. Zukunftsperspektiven der Religionspädagogik. Wolfram Weisse zum 60. Geburtstag, Münster/New York: Waxmann, 2005, 269–285.

wirkmächtige Umwandlung abendländischer Kirchengeschichte wie gar westlicher Gesellschaft. Anders ausgedrückt artikuliert die Rede von einer *reverse mission* die Aufteilung der Welt in ein hegemoniales Zentrum und eine degradierte Peripherie, deren lokale Kultur ersetzt wird. Allein sie kehrt die Dynamiken der Weltgesellschaft um: in einer sich globalisierenden Welt sind es nun die vermeintlichen Ränder der Moderne, die über den Transmissionsriemen der Migrationskirchen »Gottes Kontinent« (Philip Jenkins) umwandeln und das Christentum in Europa vor dem Kollaps bewahren.[11]

Dieser letzte Verweis deutet auf eine einflussreiche Interpretation weltweiter Transformationen des Christentums hin. Die Rede von einer Umkehrmission ist eingebettet in den Diskurs um »World Christianity«. Dieser Diskurs verzweigt sich zwar in divergente Signaturen des globalen Christentums,[12] liefert aber gleichsam als Mitgift jene vielbeschworene tektonische Verlagerung des Christentums in den sog. »Globalen Süden« mit, eine Dynamik, die sich insbesondere in der postkolonialen Ära abzeichnet. Der »World Christianity«-Ansatz bündelt und organisiert diese Globalisierungstrends jedoch weitgehend in einer binären Konstellation zwischen »dem Westen und dem Nicht-Westen«. Diese Gegenüberstellung von »the West and the rest« findet sich populär in der von Andrew Walls stark geprägten anglo-amerikanischen Missionswissenschaft.[13] Zu den Stichwortgebern zählt Jehu Hanciles, ein Theologe aus Sierra Leone, der an der Emory University in Atlanta (USA) lehrt. Hanciles beschreibt die religiöse Bedeutung von Immigranten in Europa in suggestiver Weise wie folgt: »Allgemein gesprochen repräsentieren Migrantenmilieus (communities) und ihre Lebensweise (ways of life) eine sichtbare Alternative zu dem Hedonismus und dem Libertinismus der säkularen Gesellschaft (…).« Hier treten schablonenhafte Skizzen der religiösen Traditionsumbrüche europäischer Gesellschaften zu Tage, an denen hiesige Kirchen direkt partizipieren oder vor denen sie kapitulieren. Hilfe kommt von aussen. Die zeitgenössische Migration nach Europa impliziere, so Hanciles, religiöse Interaktionen, die «mit einem Wort … langfristige Transfor-

---

[11] So Philip Jenkins, God's Continent: Christianity, Islam, and Europe's Religious Crisis, Oxford: Oxford University Press, 2007. Jenkins legt nahe, dass die Kirche in Europa unter dem zunehmenden Gewicht von Säkularismus, Globalisierung und muslimischer Bevölkerung einem Kollaps entgegen sieht.

[12] Ohne hier darauf eingehen zu können, entfaltet sich dieser Diskurs um verschiedene Bezeichnungen wie »Contemporary Christianity«, »World Christianity«, »Global Christianity« oder »Post-Western Christianity«.

[13] Zum Kreis um Andrew Walls zählen dessen Schüler Kwame Bediako und Jehu Hanciles, aber etwa auch Walls' langjähriger enger Kollege Lamin Sanneh sowie Philip Jenkins.

mationen westlicher Gesellschaften bewirken.«[14] Hanciles porträtiert die »nicht-westlichen« Missionare der Gegenwart als die entscheidenden Akteure des globalen Christentums und kettet »die Zukunft des Christentums unausweichlich« an deren Wirken an.[15]

Es ist hier nicht der Ort, näher auf die Paradigmen einzugehen, die diese Diskursformation um globales Christentum auszeichnen. Gerade die religionsdemographischen Daten und ihre ideologiegetränkte Theologisierung, die den Annahmen von Umschichtungen zugrunde liegen, werden vielfach kritisiert.[16] Das verhindert aber kaum deren breite Rezeption, die interdisziplinär ausstrahlt.[17] Bezogen auf die Formel der Rückkehrmission ist festzuhalten, dass sie, um Edward Said (1935–2003) zu paraphrasieren, ein Kernstück ›okzidentalisierender‹ Missionsgeschichtsschreibung ist, die »den Westen« als Negativfolie christlicher Dynamik im »globalen Süden« konstituiert.[18] In dieser Projektionsfläche tritt die polyzentrische Deutung von Missionsgeschichte zurück, zu der das Jubiläumssymposion zur Basler Mission explizit anregt. Seit dem langen neunzehnten Jahrhundert der Mission hat sich das universal gewordene Christentum als derart multidirektional ausgerichtet und wohl auch derart inhomogen und disparat – kurz: derart polyzentrisch – entpuppt wie wohl niemals zuvor. Die bipolare Engführung in der Rede von einer Umkehrmission jedoch verweigert sich der gewachsenen globalgeschichtlichen Komplexität des Christentums der Gegenwart.

[14] Jehu J. Hanciles, Migration and Mission: The Religious Significance of the North-South Divide, in: Andrew F. Walls / Cathy Ross (Hg.), Mission in the 21st Century: Exploring the Five Marks of Global Mission, New York: Orbis, 2008: 119–129, hier: 125 (meine Übersetzung).

[15] Hanciles, Migration and Mission, 2008: 129 (meine Übersetzung).

[16] Eine konzise Kritik dieses Ansatzes findet sich etwa bei Robert Wuthnow, Boundless Faith: The Global Outreach of American Churches, Berkeley: University of California Press, 2009: 32–61. Die Kritik von Werner Ustorf, »›The Beast from the South‹ und das ›Ende des liberalen Christentums‹«, in: Berliner Theologische Zeitschrift 27 (1) 2010, 39–69 bezieht sich auf die konservativ-theologische Färbung in der Beschriftung globaler Christentumsprozesse à la Philip Jenkins.

[17] Vgl. Andreas Heuser, Zahlenspiele, Diskursverspätungen und die Kartierung globaler Religionslandschaften, in: Heuser, Andreas / Hoffmann, Claudia / Walther, Tabitha (Hg.): Erfassen – Deuten – Urteilen: Empirische Zugänge zur Religionsforschung, Zürich: TVZ, 2013, 25–40.

[18] Mit dem Begriff des »Orientalismus« prägte der palästinensisch-amerikanische Literaturtheoretiker E. Said aufklärerische Diskursstrategien, in denen die Deutungen des Orients als konstitutiv für eurozentrische Sichtweisen gelten, vgl. sein Hauptwerk: Orientalismus. Frankfurt am Main: Fischer, 1979. Damit begründet Said mit Rückbezug auf Michel Foucault den auch in der Theologie inzwischen einflussreichen Theoriestrang des Postkolonialismus, vgl. Andreas Nehring / Simon Tielesch (Hg.), Postkoloniale Theologien: Bibelhermeneutische und kulturwissenschaftliche Beiträge, Stuttgart: Kohlhammer, 2013. »Okzidentalismus« kehrt die Blickrichtung um und macht festgefügte Bebilderungen »des Westens« in Identitätsdiskursen »des Südens« aus. Eine frühe okzidentalistische Untersuchung von Deutungen »des Westens« im Kolonialkontakt bietet der interdisziplinär angelegte Sammelband von James G. Carrier, Occidentalism: Images of the West, Oxford: Oxford University Press (1995), 2003.

Gleichwohl greift Hanciles ein Schlüsselthema des »World Christianity«-Ansatzes auf: Die Umkehrmission koppelt Migration und Mission. Diese Kopplung ist zweifellos sachgemäss, denn Migration zählt zu den elementaren Ausbreitungsfaktoren des Christentums.[19] Dies ist unmittelbar einleuchtend im Blick speziell auf die Verbreitung protestantischer Konfessionsfamilien in vorkolonialer und kolonialer Zeit. In der postkolonialen Ära zeigt die Verbindung von Migration und Mission ein neues Gesicht. Seit etwa 1960 avanciert Migration zu einem geopolitischen Schlüsselthema. Sozialwissenschaftlich als das »Zeitalter der Migration«[20] qualifiziert, kommt es zu einer postkolonialen Strukturveränderung des Migrationsphänomens, inklusive christlicher Migration. Das vormalige Szenario der über Jahrhunderte europäisch dominierten Migrationsbewegungen in eine ausser-europäische Welt verwandelt sich in eine nicht-weisse Süd-Nord-, und Ost-West-Migration. Dieses Tableau globaler Migration muss ergänzt werden durch eine wiederum im globalen Massstab erkennbare Aufwertung von »Mission«. Zeitgleich zu den Umschichtungen weltweiter Migrationsdynamiken entfaltet das sich herausbildende Weltchristentum eine eigene Gravität um die Thematik der christlichen Mission. Die aus der Missionsgeschichte heraus gewachsenen sog. »Jungen Kirchen« des Globalen Südens integrieren Mission als ekklesiologisches Kennzeichen. Missionarisches Selbstverständnis und »Mission« als schlechterdings unaufhebbares Handlungsfeld begleiten den Prozess kirchlicher Unabhängigkeitswerdung. Insofern konstituiert das vergangene halbe Jahrhundert globaler Christentumsgeschichte insgesamt »die Zentralität von Mission für christliche Identität«[21]. Pointiert: Während sich hiesige Varianten des Christentums im postkolonialen Zeitgeist der nach-1960er Jahre erneuern und sich am Missionsbegriff als kolonial abgesicherten Ausdruck eines kulturhegemonialen christlichen Abendlandes abarbeiten,[22] beglaubigt das globale Christentum die Prominenz des Themas »Mission«.

---

[19] Vgl. etwa das breit aufgefächerte »Themenheft Migration« der Zeitschrift für Mission 1–2, 2005, sowie den vom Verein zur Förderung der Missionswissenschaft herausgegebenen Doppelband »Migration: Challenge to Religious Identity«, hier besonders Band II, Forum Mission 5 / 2009.

[20] Vgl. Stephen Castles / Mark J. Miller, The Age of Migration: International Population Movements in the Modern World, New York: Guildford, 21998.

[21] Sathianathan Clarke, »World Christianity and Postcolonial Mission: A Path Forward for the Twenty-first Century«, Theology Today 7 (2), 2014: 192–206, hier: 195 (meine Übersetzung).

[22] Vgl. die seinerzeit heftig debattierten Thesen von Erhard Kamphausen und Werner Ustorf, Deutsche Missionsgeschichtsschreibung. Anamnese einer Fehlentwicklung, Verkündigung und Forschung 22 (2) 1977: 2–57.

In diesem dichten Referenzfeld von postkolonialer Migration, kirchlicher Unabhängigkeit und einer auch aufgrund eines missionarischen Impulses getragenen Umwidmung globaler Religionslandschaften wird Mission aber auch neu chiffriert. Insbesondere bricht ein Neologismus in die hoch politisierten Kontexte der 1960er und 1970er Jahre ein, nämlich der einer »Umkehrmission«. Die Rede von einer Umkehrmission zählt zum Inventar der Autonomiebestrebungen von Kirchen des globalen Südens. Es ist zugleich ein ökumenepolitischer Begriff, mit dem diese sich als gleichberechtigte Akteure der ökumenischen Bewegung zu Wort melden. Zu Beginn der 1970er Jahre führen gerade die aus der Missionsbewegung des neunzehnten Jahrhunderts hervorgegangenen Kirchen eine sog. Moratoriumsdebatte[23]. Es geht um eine zeitlich befristete Kappung aller Verbindungen, personell wie finanziell, gegenüber den Kirchen des Nordens. Die Durchsetzung eines solchen Moratoriums soll ihre institutionelle Autonomie gegenüber vormaligen Missionsgesellschaften bezeugen und auch ihre theologische Eigenständigkeit demonstrieren. In diesem Kontext der Moratoriumsdebatte wird die Redeweise von einer »reverse mission« generiert. Im Original handelt es sich also um einen ökumenischen Kampfbegriff, um einen politisch besetzten Begriff aus der unmittelbar postkolonialen Phase der ökumenischen Bewegung. Er bezieht sich auf den Impuls der autonom agierenden »Kirchen der Dritten Welt«, die »alten« Kirchen des Nordens dazu zu bewegen, sich strukturell zu verändern und theologisch zu dekolonisieren.

Solche hoch politischen Debatten sind in der jüngeren Berichterstattung zu Migrationskirchen in der Schweiz auf Spurenelemente reduziert, wenn sie denn überhaupt eine Rolle spielen. Die entpolitisierte Deutung der Umkehrmission aber kennzeichnet auch, wie wir sehen werden, die Rezeption in landeskirchlichen und ökumenischen Zirkeln. Zunächst halten wir fest, dass im öffentlich verhandelten Verständnis der Umkehrmission allenfalls die augenfällige Verkettung der Topoi von Migration und Mission aufzuweisen ist. Im Verständnis der Umkehrmission sind es marginalisierte Migrationskirchen, die das vermeintliche Zentrum abendländischer Christentumsgeschichte – die Schweiz, der »Westen« – transformieren. Kirchen- und missionsgeschichtlich schreibt die Umkehrmission die Bücher dahingehend um, als nunmehr die Schweiz, einem klassischen Ausgangsort der »Grossen Mission«, als Missionsfeld kartiert ist.

[23] Vgl. Afe Adogame, The African Christian Diaspora, London: Bloomsbury, 2013, 169–182.

Beide, die in der lokalen Öffentlichkeit als die »Grosse Mission« verzeichnete Basler Missionsgeschichte, wie die »Umkehrmission« finden ein Prisma im Erlösungsmotiv. Diese vorderhand auf individuelle Bekehrung zielende Auslegung von Mission enthält jedoch eine zivilisationstheoretische Speerspitze: der zivilisatorischen Evangelisierung der Basler Mission, ihre geradezu innovative wie nachhaltige Wirkung auf aussereuropäische Gesellschaften, die auch der ghanaische Gesprächspartner herausstellt, steht der Anspruch der Umkehrmission zur Seite, eine *Re*-Christianisierung Europas anzustreben. Anders gesagt: der verblasste historische Ruhm eines Sendungslandes von Missionaren ist aufgehoben im Gedächtnis von Migrationskirchen. Was in der Aussensicht als vielleicht kühne Perspektive erscheint, bezeichnet aus einer Binnensicht ein zivilisationskritisches Kondensat. Die Umkehrmission steht gleichsam im Dienst eines Kulturkampfs gegen einen Säkularisierungsprozess, der den mutmasslichen moralischen Verfall des Westens bewirkt. Wir haben es folglich bei der Formel von der Umkehrmission mit einer narrativen Verdichtung zu tun, die die historische Subjekthaftigkeit peripherer Bewegungen behauptet. Sie bildet den Resonanzraum eines agilen, selbstbewussten und ausdrucksstarken Migrationskirchentums. Dies scheint in der Selbstbeschreibung der Basler Lighthouse Chapel Mitglieder durch, wenn sie sich zu handlungsfähigen Subjekten und Trägern der Mission in der Schweiz stilisieren. Indem »Migranten zu Missionaren«[24] werden, reformulieren sie damit gleichsam einen meist als prekär erlebten Lebensalltag in der Ankunftsgesellschaft.[25] Migrationstheoretisch besehen besagt *reverse mission* somit einen Widerspruch gegen trostlose Alltagsbilder im Zeitalter der Süd-Nord Migration.

---

[24] Vgl. Benjamin Simon, From Migrants to Missionaries: Christians of African Origin in Germany, Frankfurt am Main: B. Lang, 2010.

[25] Vgl. mit Bezug auf Migrationskirchen in der Schweiz, Jeanne Rey, Missing Prosperity: Economics of Blessings in Ghana and the Diaspora, in: Andreas Heuser (Hg.), Pastures of Plenty: Tracing Religio-Scapes of Prosperity Gospel in Africa and Beyond, Frankfurt am Main: Peter Lang, 2015, 339–353; sowie Daniel Frei, »With Both Feet in the Air": Prosperity Gospel in African Migrant Churches in Switzerland, in: Heuser, Pastures of Plenty, 2015, 355–369. Empfehlenswert ist der Überblick über Schweizer Integrationspolitik und ihre sozialen Folgen von Didier Ruedin / Camilla Alberti / Gianni D'Amato, Immigration and Integration Policy in Switzerland, 1848 to 2014, in: Swiss Political Science Review 21 (1), 5 – 22.

Minoritätenerzählung der Gleichzeitigkeit

Noch aber ist diese erste Annäherung an den begrifflichen Komplex der »Umkehrmission« unvollständig dechiffriert. Denn noch wird gleichsam mit verdeckten Karten gespielt: die Kontinuitätsthese, nach der die Umkehrmission eigentlich nur die protestantische Missionsgeschichte des neunzehnten Jahrhunderts wieder aufnimmt und fortschreibt, verschweigt die Tatsache, dass die Akteure keineswegs in historischer Sukzession stehen. Es ist auffällig, dass eigentlich alle Autoren, die sich der Formel von der Umkehrmission bedienen, pentekostale Kirchen identifizieren, die selbst ohne Identitätsbezug zur »Grossen Mission« auskommen. Es handelt sich also um eine auferlegte historische Analogisierung. Schliessen wir den Bogen und kommen zurück zur Berichterstattung in der TagesWoche über die vermeintliche migrationskirchliche Re-Christianisierung der Schweiz. Das feuilletonistische Sprachspiel desillusioniert den Eigenanspruch von Migrationskirchen ganz unverblümt. Der Autor demaskiert die Vision der Umkehrmission durch eine Darstellungstechnik, die zwischen exotisierender bis karikierender Beschreibung migrationskirchlicher Praxis changiert. Die Choreographie einer Erlösung »aller Schweizer« ist damit als eigenwilliger Schöpfungsakt einer randständigen Gruppe von Einwanderern ohne Realitätsbegabung für die Ankunftsgesellschaft entlarvt. Diese als höchst eigenwillig beschriebenen und weithin unverstandenen Frömmigkeitsstile verweisen auf eine boomende Form des Christentums, die globale Pfingstbewegung in all ihren Schattierungen. Sie drücken das rasante Anschwellen der weltweiten Pfingstbewegung seit den 1970er Jahren aus, welche die religionsdemographische Umschichtung des Christentums in den Globalen Süden begleiten. Die Pentekostalisierungstendenzen, die sich allmählich – etwa in massenmedialen Inszenierungsformen, in öffentlichen Theologien der Heilung und Wohlstandsbotschaften – im weltweiten Christentum Bahn brechen, hallen gerade in Migrationskirchen wider.

Was nun die TagesWoche als eine an Selbstüberheblichkeit grenzende Phantasmagorie enttarnt, entspricht vielmehr einer migrationskirchlichen *Minoritätenerzählung der Gleichzeitigkeit*[26]. Damit ist das migrationskirchliche Bestreben benannt, robuste Kennzeichen von Andersheit in gegenwärtige Konstellati-

---

[26] Ich gehe hier Bhabhas Qualifizierung des Minoritätendiskurses nach. Ihm zufolge platziert ein Minoritätendiskurs Kennzeichen von Alterität in gegenwärtigen Debatten so, dass er »sich gegen Genealogien (wendet), die sich von einem ›Ursprung‹ herleiten und zu Forderungen nach kultureller Vorherrschaft und historischer Priorität führen« (Bhabha, Verortung der Kultur, 2000: 234).

onen einzuführen und dadurch autoritative Formen von theologischer Gleichwertigkeit und kirchlicher Ko-Präsenz vorzustellen. Migrationskirchen legen gerade auch durch ihre pentekostalen Frömmigkeitstraditionen, die ein wesentlicher Teil des Minoritätendiskurses sind, Einspruch gegen die »Verweigerung von Gleichzeitigkeit« im Sinne von Gleichrangigkeit ein.[27] Migrationskirchliche Theologie schafft und verwendet damit synchrone Referenzbegriffe, um sich dominanten Diskursen zu widersetzen und dort supplementär einzudringen. »Die gesellschaftliche Artikulation von Differenz«, folgert der indo-amerikanische Literaturwissenschaftler Homi Bhabha, »ist aus der Minderheitenperspektive ein komplexes, fortlaufendes Verhandeln, welches versucht, kulturelle Hybriditäten zu autorisieren, die in Augenblicken historischen Wandels aufkommen.«[28] Insofern wäre die Replik des Kirchenleiters im Nachgespräch mit dem Journalisten der TagesWoche als bedeutungskonstituierende Äusserung zu verstehen, und eben nicht, sagen wir, als Ausdruck einer vor-aufklärerischen, bedauernswerten Rückständigkeit einzuschätzen. Sei es, dass migrationskirchliche Sprecher sich aus eigenem Antrieb zur Formel der Umkehrmission bekennen, oder sei es – was ich für sehr viel wahrscheinlicher halte –, dass sie erst durch journalistische Gesprächsführung auf die Formel aufmerksam werden, in jedem Fall attestieren sich Mitglieder von Lighthouse Chapel Basel mit der Rede von der Umkehrmission die Befähigung zu eigenbestimmtem Handeln (*agency*), und dies zumal in einem kulturell-historisch verschiedenartigen Umfeld.

Wirft man nun einen Blick auf interne Diskurse, die sich in Lighthouse Chapel International (LCI) abspielen, wird man erstaunt feststellen, dass im Deuteraster der Kirche das Mantra einer »reverse mission« sich gar nicht findet. Ebenso wenig ausgeprägt ist ein missionsgeschichtliches Gedächtnis mit dem Ankerpunkt eines Baselbezugs. Also: die beiden Schlüsselelemente in der Konstruktion einer Rückkehrmission fehlen.[29] Vielmehr bezieht sich die in Aussicht genommene

[27] Johannes Fabian diskutiert eine prägende ethnologische Forschungstradition zu afrikanisch-traditionellen Religionen als ebensolchen »denial of coevalness«. Er expliziert daher afrikanisch-religiöse Vielfalt und Dynamik als »coevalness« mit Traditionen des Christentums und Islams in Afrika, J. Fabian, Time and the Other: How Anthropology Makes its Object, New York: Columbia University Press, 1983: 25 passim.

[28] Homi K. Bhabha, Verortungen der Kultur, in: Elisabeth Bronfen / Benjamin Marius (Hg.), Hybride Kulturen: Beiträge zur anglo-amerikanischen Multikulturalismusdebatte, Tübingen: Stauffenburg, 1997: 123–148, hier: 125.

[29] Eine genauere Analyse der Theologie von Lighthouse Chapel mit Bezug auf die Schweiz findet sich in Andreas Heuser, »Nomadic Demonology«: Prayer Manuals, Geo-politics and Cultural Contact in Ghanaian Demonologies, in: Claudia Währisch-Oblau / Henning Wrogemann (Hg.): Witchcraft, Demons and Deliverance, Zürich: LIT, 2015, 109–135.

»Rettung aller Schweizer« auf die Gemeindewachstumsstrategie der Kirche. LCI gehört zur sogenannten »Kirchenwachstumsbewegung« (Church Growth Movement) und ist vor allem inspiriert durch den südkoreanischen Pionier der Kirchenwachstumstheologie, David Yonggi Cho, Gründer der Yoido Full Gospel Church in Seoul. Die Kirchenwachstumseuphorie markiert die kircheninternen Leitlinien von LCI. Die Handlungsimperative der LCI-Mitglieder gehen auf das theologische Handbuch zum Kirchenwachstum zurück, nicht auf eine Anleitung zur »reverse mission«.[30] Eine Leitlinie der Kirchenwachstumsbewegung besteht darin, ihre ambitionierten Zielvorgaben und die Entwicklung von kirchlichen Strukturen und Netzwerken dezidiert aus eigenen Ressourcen – nicht aus denen der protestantischen Missionsgeschichte des langen 19. Jahrhunderts – zu speisen.

Auch Lighthouse Chapel in der Schweiz verschreibt sich ganz dem Anliegen des Kirchenwachstums. Obgleich die Basler Ortsgemeinde bescheiden auftritt, gehört sie zu einem kirchlichen Netz von inzwischen elf Ortsgemeinden, die über die Schweiz verteilt sind. LCI wurde 1987 in Ghana von Dag Heward-Mills gegründet; keine fünf Jahre später, 1992, findet sich die erste LCI-Gemeinde in der Schweiz. Damit gehört die international operierende LCI zur ältesten Generation hiesiger Migrationskirchen. Heward-Mills, der familiäre Wurzeln in Basel hat, baut seither die Schweiz als Zentrum der kontinentaleuropäischen Expansion von LCI aus.[31] Mit anderen Worten: die skurril anmutende Vision von der »Rettung aller Schweizer« ist Teil einer identitätsstiftenden Erzählung, die von einer Intervention in den europäischen Alltag handelt.

Der Basler LCI-Leiter betont einen starken Imperativ des Heraustretens, der dahin drängt, selbst in einem Kontext aktiv zu werden, der womöglich selbst noch nicht enträtselt ist. Der Auftrag zur »Rettung aller Schweizer« ergeht aus einem Zwischenraum der Übersetzung, die noch unabgeschlossen, ungefügt ist, mithin offen für kulturelle und theologische Übersetzungsversuche. In diesem

---

[30] Weltweit reklamiert die Kirche inzwischen an die 1600 Lokalgemeinden, die sich über 66 Länder verteilen. Das mission statement zählt vier Hauptziele auf: »1. to Train 100,000 people to work in the ministry; 2. to appoint 10,000 pastors into the ministry; 3. to ordain 10,000 ministers of the Gospel; 4. to consecrate 1,000 Bishops." Vgl. http://www.lighthousechapel.org/lci2/index.php/about-us/vision (23. April 2015).

[31] Vgl. http://www.lighthousechapelswitzerland.org/ch1/ (23. April 2015). LCI gehört zu einem grossen Block von wenigstens 100 Migrationskirchen mit afrikanischen Herkunfts- und Identitätsbezügen in der Schweiz. Wie LCI weisen diese häufig ein pfingstlich-charismatisches Profil auf und haben eine mehrheitliche Mitgliedschaft unter afrikanischen Migranten. Insbesondere unter frankophonen Kirchen hat sich ein Dachverband von etwa 30 Kirchen gebildet, die der 1998 gegründeten Conférence des Églises Africaines (CEAS) angehören; vgl. im Überblick Esther Imhof, Afrikanische Pfingstgemeinden in der Schweiz, in: Religion und Gesellschaft in Ost und West 42 (9) 2014, 16–18.

Prozess des Etablierens von migrationskirchlicher Gleichzeitigkeit ist allerdings die Performanz des Glaubens entscheidend, des Bedeutungstransfers in der Sprache der Praxis. Der Impuls zur Aktion, getragen von einer individuellen Festigkeit im Glauben, überwiegt die Scheu, sich diesen noch unvollständig verstandenen und übersetzten gesellschaftlichen Formationen zu stellen. Solcherart Narrative - genauer betrachtet handelt es sich um Grenz- bzw. grenzüberschreitende Narrative – sind kennzeichnend für eine »diasporische Ästhetik«[32]. Damit erfasst Homi Bhabha Wahrnehmungs- und Handlungsmuster in diasporischen und migratorischen Prozessen, die sozusagen bekannte Sprachspiele und Stereotypen unterlaufen. Bezogen auf migrationskirchliche Erfahrungen kann diasporische Ästhetik eine Bewegung zwischen der Verwundbarkeit des Unterwegsseins und der Sehnsucht nach spiritueller Ermächtigung (*empowerment*) ausdrücken.[33] Der Eigenanspruch der LCI-Gemeinden in der Schweiz beispielsweise mutet sich eine religiös-kirchliche Neubeschriftung selbst einer säkularen Umwelt zu. Diese Facette einer diasporischen Ästhetik weist einen Heroismus der Tat aus, es ist ein evangelistischer Sprechcode der Subjekthaftigkeit und Handlungsautonomie – Autonomie gegen den Augenschein.

Die *Mehrheitserzählung* jedoch, hier am Beispiel der TagesWoche angedeutet, entmachtet migrationskirchliche Ästhetik. In der Rezeption der Mehrheitserzählung führt die als eigentümlich charakterisierte theologische Textur von Migrationskirchen zur stereotypen Einordnung von Migrationskirchen im Relief der Mehrheitsgesellschaft. Nicht zuletzt stützt sich der feuilletonistische Enteignungsvorgang auf das Sperrige und Sonderbare der Formel der »Umkehrmission«. Die Gleichsetzung von Migrationskirchen mit Umkehrmission bedient Ausgrenzungsmetaphern, zumal die theologischen Tragpfeiler dieser Mission den Religionstopographien des Globalen Südens entwachsen sind und auch nicht ohne weiteres in die theologische Grammatik lokaler Schweizerischer (Landes-) Kirchen übersetzt werden können. Präziser entfaltet: Migrationskirchen werden als Trägerinnen einer fremdartigen Umkehrmission zu Objekten eines »Othering«. Unter dem ominösen Label der »Umkehrmission« konstituiert die mediale Öffentlichkeit Migrationskirchen erstens als unterschiedslosen Block; diese

---

[32] Bhabha, Verortung der Kultur, 2000: 336.
[33] Vgl. Amélé Adamavi-Aho Ekué, Negotiating Vulnerability and Power: The Construction of Migrant Religious Identity, in: Churches' Commission for Migrants in Europe (CCME) (ed.): Theological Reflections on Migration. A CCME Reader, Bruxelles 2008: 24–31.

Kennmarke reizt zweitens dazu an, Migrationskirchen als Fremdkörper in der Schweizer Religions- und Kulturlandschaft ins Visier zu nehmen.

Landeskirchliche Taxonomien von Migrationskirchen

In den vergangenen Jahren haben einige wegweisende landeskirchliche Veröffentlichungen zur »Ent-deckung« von Migrationskirchen in der Schweiz beigetragen. Das »mapping« von Migrationskirchen begleitet damit die Debatten um Milieustudien und den Zustand der Schweizer Landeskirchen. Die Pionierstudie zu Migrationskirchen in der Schweiz wird bereits 2009 vom Schweizerischen Evangelischen Kirchenbund (SEK) herausgegeben. Die im grossen Ganzen verdienstvolle Studie zu »Neuen Migrationskirchen in der Schweiz« bemüht einerseits empirische und organisationssoziologische Zugänge zum Phänomen der Migrationskirchen. Andererseits scheut sie nicht davor zurück, theologische Kontroversthemen im landeskirchlichen Austausch mit Migrationskirchen zu benennen.[34] Mit »Neuen« Migrationskirchen umreissen die Autoren der Studie, Simon Röthlisberger und Matthias Wüthrich, die auch hier in Rede stehenden Kirchen mit Wurzeln im globalen Süden.

Bemerkenswert ist, dass als primäre migrationskirchliche Kenngrösse wiederum deren »ausgeprägtes missionarisches Bewusstsein« vorgestellt wird. Wenngleich nicht *expressis verbis* dient auch hier die Schablone einer »Umkehrmission« als Vorlage: »Das von Europa missionierte Afrika missioniert nun das säkularisierte Europa.« Dieses Missionsverständnis gerät auch in landeskirchlicher Taxonomie zum Charakteristikum von Migrationskirchen. An der Identifizierung einer »reverse mission« lassen sich Differenzen im Kirchesein zwischen Landeskirchen und Migrationskirchen ablesen. Denn daraus erwachse eine hohe Missionsintensität wie auch eine explizite Bekehrungsmotivation, die sich in einen individuellen wie öffentlichen evangelisatorischen Aktivismus umsetze. Damit ist der migrationskirchliche Differenzcharakter zumindest zu reformierten Kirchen indiziert: »Im landeskirchlichen Kontext der Schweiz«, heisst es, »wird Mission anders verstanden.« Mission im landeskirchlichen Kontext sei defensi-

---

[34] Schweizerischen Evangelischen Kirchenbund (Hg.), Neue Migrationskirchen in der Schweiz (SEK Studie 2), Bern 2009.

ven Charakters und drücke sich allenfalls implizit im sozialen wie diakonischen Handeln der Kirche öffentlich aus.[35]

Im Zwischenresumée konvergiert die Argumentation der SEK-Studie mit der medialen Inszenierung von Migrationskirchen am Beispiel der TagesWoche. Wie bereits die TagesWoche, wenngleich ohne deren suggestiven Sprachgebrauch, neigt auch die SEK-Studie dazu, das migrationskirchliche Spektrum in der Schweiz zu einer Gesamtheit zu verschweissen – und zwar erneut am Begriff der Mission, und erneut am Begriff der »Umkehrmission«.

Die SEK-Studie wagt diese vereinheitlichende Klassifizierung von Migrationskirchen in ökumenischer Absicht: sie möchte den landeskirchlichen Umgang mit Migrationskirchen anleiten, Problemfelder auflisten und damit handhabbar machen. Das komparative Schema der Studie dient dazu, Verschiedenheit zu benennen, die sich in ökumenischen Beziehungen vor Ort Bahn brechen kann. Damit verhilft die Studie in praktischer Absicht dazu, etwaige Differenzen nicht zu verschweigen oder kirchliche Andersheit einem ökumenischen Aufbruchsoptimismus unterzuordnen. Es geht ihr um einen pragmatischen, realistischen, vielleicht nüchternen ökumenischen Austausch mit Migrationskirchen. Dieser Austausch bezieht letztlich eine auch theologische Auseinandersetzung mit verschiedenen Formen des Kircheseins mit ein. Dem »sozialen, diakonischen Handeln der Kirche« in Bezug auf Migrationskirchen soll, so könnte man sagen, die theologische Arbeit an Differenz eingehaucht sein. Die Hauptdifferenz, das wird klar, besteht im Verständnis von »Mission«. In scharfer Lesart kann nun das migrationskirchliche Beharren auf einem aktivistischen Verständnis von Mission dazu verleiten, Migrationskirchen als das »Andere« der Landeskirchen zu markieren. Insofern wird »Mission« – ein ohnehin aufgedrängter Begriff aus landeskirchlicher Sicht und somit doppelt verstärkt – zum Kohärenzkriterium eines Fremdkörpers in der Kirchenlandschaft der Schweiz.

Als die SEK-Studie erarbeitet wurde, befand sich die religionsstatistische Erfassung von Migrationskirchen in der Schweiz auf noch unsicherem Boden. Erst eine jüngste Bestandsaufnahme aus dem Jahr 2014 widerspricht jeder Projektion von Migrationskirchen als blockartige Entität. Die Datensammlung des Schweizerischen Pastoralsoziologischen Instituts (SPI, St. Gallen) verzeichnet über dreihundert christliche Migrationskirchen. Aus ökumenischer wie methodischer Sicht besonders wertvoll ist, dass sie mit Hilfe konfessioneller Selbstbeschrei-

---

[35] Alle Zitate vgl. SEK, Neue Migrationskirchen, 2009: 94.

bungen die enorme Pluralisierung der Migrationskirchen katalogisiert. Das Verzeichnis führt Kontaktmöglichkeiten auf und dokumentiert damit die Ansprechbarkeit christlicher Migrationsgemeinden vor Ort. Die Herausgeber werten im Einleitungsteil die Vielzahl an lokal gegenwärtigen »Dialekten des Christlichen«, die weltweit entstanden sind, als Ausdruck einer »Enteuropäisierung des europäischen Christentums«.[36]

Das SPI geht auf diese vielsagende Feststellung nicht näher ein; die religionsstatistische Dokumentation geniesst Priorität. Zieht man zusätzlich zu diesem SPI-Verzeichnis früher vorliegende Schweizer Daten heran, bestätigen sich geostatistische Religionstrends. Aufs Ganze besehen, ist das »Zeitalter der Migration« eher christlich geprägt. Aus ersten Erhebungen über die religiöse Zusammensetzung internationaler Migration geht hervor, dass nahezu die Hälfte aller Migranten weltweit Christen sind.[37] Auch in der Schweiz machen Christen laut Volkszählung 2010 mit 56% den weitaus grössten Teil der Migranten aus. Damit ist die christliche Präsenz unter Menschen mit Migrationshintergrund in der Schweiz im internationalen Vergleich also leicht überproportional. Allerdings sind die statistischen Zuordnungen in der Volkszählung methodisch viel zu wenig ausdifferenziert. Sie unterscheiden z.B. nicht zwischen innereuropäischer Migration oder Migration aus dem globalen Süden. Das verwehrt detailliertere Rückschlüsse auf religiöse Migrationsprofile aus dem globalen Süden.[38] Insofern ist die Zurückhaltung des SPI-Verzeichnisses von 2015 über die Vielzahl an »Christentümern in der Schweiz« durchaus angemessen. Allein der Untertitel dieser Auflistung scheint irreführend, denn er verspricht die Präsenz christlicher Migrationsgemeinden in der Schweiz als »Herausforderung und Chance« abzuwägen. In postkolonialer Lesart liesse sich diese offene Formulierung etwa als die Provinzialisierung des abendländischen Christentums, als eine Kritik an eurozentrischen Deutungen von Kirchen- und Missionsgeschichte verstehen. Könnte die »Enteuropäisierung des europäischen Christentums« sozialpsychologisch als eine narzisstische Kränkung territorial verfasster Landeskirchen aufge-

---

[36] Vgl. die nicht-paginierte Einleitung in das online-Verzeichnis des Schweizerischen Pastoralsoziologisches Instituts (Hg.), Christentümer in der Schweiz – Herausforderung und Chance. Verzeichnis christlicher Migrationsgemeinden in der Schweiz, St. Gallen: SPI, 2015.

[37] Den nächstgrösseren globalen Block bilden mit etwa 27% Muslime. Den ersten Report dieser Art legte 2010 das renommierte PEW Research Centre's Forum on Religion and Public Life vor, vgl. Faith on the Move: The Religious Affiliation of International Migrants, Washington, 2010: 11, 26, 27.

[38] Eine sorgfältig argumentierende Analyse des SPI bietet die weitest mögliche religionsbezogene Auslegung des Schweizer Zensus, vgl. Roger Husistein, Migration und Religion in der Volkszählung 2010, St. Gallen: SPI, 2012.

fasst werden, die sich einer Diversifizierung der christlichen Landschaft ausgesetzt sehen, die sich ihrer Kontrolle komplett entzieht? Oder stellt das Kaleidoskop der vielen »Christentümer in der Schweiz« missionstheoretisch die Notwendigkeit heraus, Grundfragen einer Interkulturellen Theologie als normativ für die weitere Theologie- und Kirchengeschichte in der Schweiz zu begreifen? Das bleibt offen. Weder leistet die SPI-Dokumentation eine theologische Detailbeschreibung noch bietet sie eine kritische Kommentierung der »Christentümer in der Schweiz«.

Das Ringen um theologische Positionierung ist wiederum die Stärke der älteren SEK-Studie. Dies ist umso bemerkenswerter, als die reformierten Landeskirchen am wenigsten durch die jüngste Geschichte der globalen Migration berührt werden. Roger Husistein zufolge findet die gegenwärtige Migrationsdynamik keinen direkten statistischen Niederschlag in der reformierten Kirche: »Bei den Reformierten verfügt hingegen nur knapp jeder Zehnte über einen Migrationshintergrund und der Ausländeranteil liegt bei tiefen 4.3%.«[39] Womöglich korreliert die niedrige Anziehungskraft der reformierten Kirche auf Menschen mit Migrationshintergrund mit dem selbstbewusst »defensiven Charakter« von Mission im landeskirchlichen Kontext. Dem Text der SEK-Studie zu »Neuen Migrationskirchen in der Schweiz« spürt man zudem eine Ambivalenz in ihrem Urteil über die missionarische Eigenheit der Migrationskirchen an. Die Autoren sehen einen selbst-reflexiven Mehrwert im migrationskirchlichen Missionsverständnis. Die Behauptung einer »reverse mission« gemahne die reformierte Kirche in der Schweiz, wie es heisst, »an eine brüchig gewordene Grunddimension ihres eigenen Kircheseins«, »nämlich die *Sendung* (missio) der Kirche«.[40] In diesem selbstbezüglichen Korrektiv, die ekklesiologische Grunddimension (!) der Mission neu zu bedenken, überwindet die SEK-Studie ihre eigenen Abgrenzungsmotive in Bezug auf Migrationskirchen.

Die SEK-Studie stösst hiermit die Türen auf zur produktiven Diskussion um den theologischen Rang der globalen Migrationsbewegung. Beide Hinweise, derjenige auf das Kirchenverständnis und derjenige auf Mission kommen, in unterschiedlicher Gewichtung in jüngsten Ansätzen der ökumenischen Bewegung zum Vorschein. Diesen wenden wir uns nun zu: Während sich die Lausanner Bewegung dem Missionsverständnis der Migrationskirchen widmet, geht es

---

[39] Husistein, Migration und Religion, 2012: 2.
[40] SEK, Neue Migrationskirchen, 2009: 95 (Hervorhebung im Original).

in Stellungnahmen aus dem Bereich des Ökumenischen Rats der Kirchen (ÖRK) um das Kirchenverständnis.

Akzente aus der Ökumenischen Bewegung

A. Anerkennung von Differenz: Kapstadt –Verpflichtung

Die »Kapstadt -Verpflichtung« von 2010 stellt den entscheidenden gemeinsamen »Fahrplan« der Lausanner Bewegung in dieser Dekade vor. Sie ermutigt dazu, »die missionalen Gelegenheiten, die sich durch globale Migration und Diaspora-Gemeinschaften bieten, zu erkennen und durch strategische Planung und zielgerichtete Schulung auf sie zu reagieren«. »Missional« steht in der Kapstadt-Verpflichtung kongruent zu evangelisatorisch. Einerseits werden Migranten aufgerufen, in »ihrer Gastgesellschaft Zeugnis zu geben von Jesus«, andererseits sollen »einheimische() und zugewanderte() Kirchen/Gemeinden« »voneinander (…) lernen sowie gemeinsame Anstrengungen (…) unternehmen«, um das Evangelium zu verbreiten.[41] Bemerkenswert ist, dass die Kapstadt-Verpflichtung den »entstehenden Missionsbewegungen in der Mehrheitswelt« den Spiegel eines »Triumphalismus« vorhält. In ihrem evangelisatorischen Antrieb nähmen heutige Migrationskirchen »das exklusive Privileg für sich in Anspruch (…), sie seien diejenigen, die den Weltmissionsauftrag zu Ende führen. Nur Gott ist souverän.«[42]

Diese Dissonanzen sollen durch eine Anerkennungskultur überwunden werden. Die Hauptaufgabe bestehe darin, bei finanziell ungleichen Voraussetzungen »jeden Argwohn, jede Konkurrenz und jeden Stolz beiseite (zu) legen und bereit (zu) sein, von denen zu lernen, die Gott gebraucht, selbst wenn sie nicht von unserem Kontinent stammen, unsere spezifische Theologie nicht teilen und nicht unserer Organisation oder unserem Freundeskreis angehören. (…) Lasst uns nicht mehr von anderen Teilen der Gemeinde verlangen, unsere bevorzugten Namen, Slogans, Programme, Systeme und Methoden zu verwenden«.[43]

---

[41] Alle Zitate vgl. Lausanner Bewegung (Hg.), Die Kapstadt-Verpflichtung: Eine Erklärung des Glaubens und ein Aufruf zum Handeln, Kapstadt 2010: 53 (http://www.lausannerbewegung.de/index.php?node=63).

[42] Lausanner Bewegung, Kapstadt-Verpflichtung, 2010: 70.

[43] Lausanner Bewegung, Kapstadt-Verpflichtung, 2010: 70.

Kurzum: die Kapstadt-Verpflichtung ist – wie auch die SEK-Studie von 2009 – durch Selbstreflexivität gekennzeichnet. Der missionale, also Sendungscharakter der Kirche, der in der SEK-Studie ungefüllt bleibt, wird als selbstverständlich vorausgesetzt. Mit spezieller Ansprache an Migrationskirchen wird vor einem missionalen Alleinvertretungsanspruch gewarnt, denn dadurch drohen sie, den evangelisatorischen Kern der Lausanner Bewegung aufzusprengen. Bedeutsam scheint mir, dass die Lausanner Bewegung um die Überwindung asymmetrischer Beziehungen zwischen Migrationskirchen und älteren Kirchen der Mehrheitsgesellschaft streitet. Zugespitzter noch geht es der Kapstadt-Verpflichtung um die produktive Anerkennung von Differenzen zwischen sog. missionalen Partnern. Differenzen werden also – wie in der SEK-Studie – nicht verschwiegen; sie sollen sich – anders als in der SEK-Studie – am Missionsauftrag orientieren. Die evangelisatorische Grundorientierung der Lausanner Bewegung ist darauf ausgerichtet, das Potential kirchlicher Vielfalt zu akzeptieren und sich evangelisationsstrategisch zu ergänzen.

B. ÖRK-Theologie der Migration: »The ›Other‹ is my Neighbour«

Trotz dieser Akzentsetzungen, die sich um die Anerkennung des Andersseins und die Förderung von kirchlicher Kooperation drehen, weist die Kapstadt-Verpflichtung heutigen Migrationsbewegungen keine hermeneutische Schlüsselfunktion zu. Im Umfeld der Genfer Ökumene hingegen kristallisiert sich eine theologische Durchdringung des Topos der Migration heraus. Eine Dokumentation des Ökumenischen Rats der Kirchen im Vorfeld der 10. Generalversammlung des ÖRK im südkoreanischen Busan nimmt das globale Szenario der Migration zum Ausgangspunkt eines missionstheologischen Entwurfs. Dieser Entwurf trägt den programmatischen Titel: »The ›Other‹ is my Neighbour: Developing an Ecumenical Response to Migration«[44]. Wir erinnern uns: die SEK-Studie stellt mögliche ekklesiologische Implikationen für das Selbstverständnis reformierter Landeskirchen in Aussicht, die sich aus der migrationskirchlichen Iden-

[44] World Council of Churches (Hg.), The ›Other‹ is my Neighbour: Developing an Ecumenical Response to Migration, Genf: WCC Publications, 2013; vgl. in Auszügen https://www.oikoumene.org/en/resources/publications/TheOtherIsMyNeighbour_SAMPLE.pdf. Das ÖRK-Dokument greift zurück auf eine Verlautbarung des Zentralkomitees des ÖRK, das 1995 angenommen wurde: »A Moment to Choose: Risking to be with Uprooted People«.

tifikation mit Mission ergeben. Dieses ÖRK-Dokument nun dringt mit einer Theologie der Migration zum eigentlichen Kern kirchlicher Existenz vor. Der Text bietet den Suchbegriff einer »migration-shaped mission« an, um den Grundcharakter von Kirchesein anzudeuten.[45] Migration bestimme, so heisst es, »den Wesenskern und den Sendungscharakter der Kirche.«[46]

Das Dokument kennzeichnet nun den durch Migration definierten Kirchenbegriff durch zwei Hauptkomponenten: zum einen stellt der Text einen Bewegungsimpuls heraus. Migrationsbewegungen gemahnen die Kirche an ihr Unterwegssein in der Welt; Kirchesein umfasst die sich aufmachende Gemeinschaft von Menschen, die immer wieder herausgefordert scheint, kulturelle, theologische wie linguistische Grenzen zu überwinden. Kirche ist, anders gesagt, eine pilgernde, nicht eine statische Kirche.[47] Wir könnten auch sagen, Kirche versteht sich als Provisorium, als Kirche im Aufbruch oder als Exodusgemeinde. Zum anderen nimmt eine werdende Kirche, die sich migratorischen Erfahrungen aussetzt, die Menschen an den gesellschaftlichen Rändern wahr und versteht dies als Auftrag, soziale Werte von Gerechtigkeit, Versöhnung und Würde für alle durchzusetzen:

> »Die christliche Pilgergemeinschaft anerkennt Grenzüberschreitungen, sie öffnet sich für kulturelle Begegnungen, sie zeigt den Mut, unvermeidliche Schwierigkeiten, die sich daraus ergeben, anzugehen und sie würdigt Andersheit als Quelle der Stärke.«[48]

Ähnlich der Kapstadt-Verpflichtung wehrt das ÖRK-Dokument der Ausgrenzung von migratorischen Aussenseitern durch eine theologische Kultur der Anerkennung. Das Gegenbild zu einer Tendenz des »Othering« von Menschen in der Migration ist das des »Nachbarn«. Der freilich facettenreiche Beziehungsbegriff des »Nachbarn« wird nicht weiter durchdekliniert.[49] Gleichwohl weist das ÖRK-Dokument über die Handlungsperspektiven der SEK-Studie von 2009 wie

---

[45] WCC, The ›Other‹ is my Neighbour, 2013: 23.

[46] WCC, The ›Other‹ is my Neighbour, 2013: 4 (meine Übersetzung).

[47] Andrew Walls macht in knappen Ausführungen darauf aufmerksam, dass Kirchengeschichte durch eine dauerhafte Spannung zweier Pole getrieben sei, einem »Pilgerprinzip« (pilgrim principle) und einem »Einwohnungsprinzip« (indigenizing principle), dem er offenbar wenig abgewinnen kann, denn er qualifiziert es durch einen »homing instinct«, Andrew F. Walls, The Missionary Movement in Christian History: Studies in the Transmission of Faith, Maryknoll: Orbis, 1996: 52–53.

[48] WCC, The ›Other‹ is my Neighbour, 2013: 24 (meine Übersetzung).

[49] Wissenschaftsgeschichtlich befinden wir uns inmitten der xenologischen, also fremdhermeneutischen Tradition der Interkulturellen Theologie. Diese schärft den Blick für die einer Kirche wie ihrer Tradition religiös, kulturell und weltanschaulich fremden, gar anderen Menschen, vgl. nur Theo Sundermeier, Den Fremden verstehen. Eine praktische Hermeneutik, Göttingen: Vandenhoek & Ruprecht, 1996.

auch über die Zielsetzung der Kapstadt-Verpflichtung von 2010 hinaus. Um sozusagen die Wechselbeziehungen zwischen oftmals durchaus ungleichen Nachbarn einzuüben, benötige es »neuen kirchlichen Raum«[50]. Das ist ein signifikanter Hinweis. Der Umgang mit Differenz will gelernt, angeleitet und ausgehandelt sein, bedarf kirchlicher Experimentierräume interkulturellen Lernens.[51]

Welche nachbarschaftlichen Handlungsfelder, welche »neuen kirchlichen Räume« liessen sich im Sinne der ÖRK-Handreichung von 2013 erschliessen? Die Studie »The ›Other‹ is my Neighbour« bietet einige Stichworte, die sie unter den vier *notae ecclesiae* von *koinonia, leiturgia, martyria* und *diakonia* auflistet. Die Handlungsfelder, die das ÖRK-Dokument beschreibt, klingen allzu bekannt und herkömmlich. Vieles erinnert an die Praxisvorschläge, die die SEK-Studie im Sinne diakonischen Handelns benennt, die also von einer kirchlichen Ethik für Andere bestimmt sind, in der das kirchliche »Handeln an« oder »Handeln für« Migranten definiert wird. Im gleichen Sinne zeigt auch die ÖRK-Studie gesellschaftspolitische Handlungsoptionen auf, die kirchliche Anwaltschaft gegen diskriminatorische soziale und politische Praxis stärken oder eine international ausgehandelte solidarische Migrationspolitik anstrengen.

Doch geht sie über solch kirchliche Lobbyarbeit auch hinaus. Das ÖRK-Dokument bleibt an dieser Stelle zwar vage, doch es deutet aus meiner Sicht zwei ökumenische Herausforderungen kirchlichen Handelns an: zunächst geht es im Sinne des Titels der ÖRK-Studie darum, ein *inklusives* Gemeindeleben mit nachbarschaftlichen »Anderen« zu schaffen. Wahrnehmung und Integration von Menschen mit Migrationshintergrund werden auf das kirchliche Eigenleben rückbezogen. Es ist die Rede davon, liturgische Agenden zu öffnen oder spezifische Gottesdienstformen zu entwickeln oder auch den Ausbau von speziellen interkulturellen Ämtern voran zu bringen. Vieles von dem finden wir bereits heute auf den Weg gebracht oder verwirklicht. Manche Spezialfelder befinden sich bereits wieder auf dem Rückzug, oftmals den enger werdenden Finanzressourcen geschuldet. Dennoch: die zweite Herausforderung, die sich in der Studie andeutet, ist die schwierigere: Wie gelingt es landeskirchlich verfassten Gemein-

---

[50] WCC, The ›Other‹ is my Neighbour, 2013: 25 (meine Übersetzung).
[51] Als ökumenische Initiative, bezogen auf theologisch-kognitive Verständigung und Annäherung, in dieser Richtung sehe ich das »Global Christian Forum«, siehe http://www.globalchristianforum.org/ (14. Mai 2015). Ein lokales ökumenisches Experiment ist das theologische Weiterbildungsprojekt: »Damit wir eins sind in Christus«, das seit 2012 ein breites Spektrum an Migrationskirchen in der (deutschsprachigen) Schweiz, Vertreter von Landeskirchen und universitärer Theologie zusammenführt, und auch praktisch-theologische Perspektiven einschliesst, siehe www.migrationskirchen-weiterbildung.ch.

den, sich an der Schaffung von »neuen« kirchlichen Räumen zu beteiligen? Und wie qualifiziert man deren Novität?

Reflexive Wende hin zu einer »Migrationsökumene«

Der Hinweis auf »neue kirchliche Räume« im Zusammenhang mit ökumenischen Aufbrüchen gemahnt an jenen »Dritten Raum«, als den Homi Bhabha einen kommunikativen Handlungsraum in migratorischen Zusammenhängen bezeichnet. Bhabha charakterisiert »Dritten Raum« als einen kulturellen Zwischenraum, der geprägt ist von diskursiven Interventionen und kreativen Erfindungen, mit denen stereotype Repräsentationen von Andersheit aufgebrochen werden können.[52] Die »neuen« bzw. »Dritten Räume« wären mithin migrationssensible Räume, in denen herkömmliche Muster ökumenischer Zusammenarbeit und wechselseitiger Wahrnehmung transzendiert werden können. Es ist nicht von vorneherein gegeben und es ist nicht von vorneherein ausgeschlossen, dass landeskirchlich verfasste Ökumene solche transformativen Begegnungs- und Handlungsräume einrichten kann. Präziser gefasst geht es jedoch darum, landeskirchliche Handlungsmacht im Umgang mit Migrationskirchen abzugeben. Vielleicht könnte man, um ein reflexives Moment einzuschalten, von einer migratorischen Ökumene sprechen, oder von der gemeinsam arrangierten Praxis einer »Migrationsökumene«[53]. In solchen neuen/anderen kommunikativen Räumen werden Anfragen an eigenes Kirchesein zugelassen, erwünscht und verhandelt. Sie helfen mit, ökumenische Sprache von kategorialen Begriffen zu entrümpeln, die wechselseitige Wahrnehmung zwischen landes- und migrationskirchlichen Akteuren bestimmen. Eine migrationssensible Ökumene favorisiert Räume, die jene Bedeutungsoffenheit zulassen, die sich interkultureller Übersetzung verdankt – die Projektionsmaschine der Umkehrmission jedenfalls ist aus den neuen kirchlichen Räumen ausgemistet.

[52] Bhabha lehnt sich hier an Frederic Jameson an, der Dritten Raum jedoch unter Ein- und Ausgrenzungsstrategien fasst und die eigengesetzliche Dynamik des Da-Zwischens und kulturellen Übersetzens dabei übersieht, vgl. Bhabha, Verortung der Kultur, 2000: 320–333. Einschlägige Hinweise zur Rezeption Bhabhas für migrationskirchliche Forschung finden sich bereits in Andreas Heuser, Damascus Christian Church – die Lokalisierung einer ghanaischen Unabhängigen Kirche in den Landschaften von Migration und Diaspora, in: Zeitschrift für Mission 32 (3) 2006, 189–217, speziell: 189–193.
[53] Ich entlehne den, dort allerdings nicht präzisierten, Begriff von Moritz Fischer, Typologisierung »Neuerer Migrationskirchen« als Aufgabe Interkultureller Theologie, in: Interkulturelle Theologie 37 (2–3) 2011: 185–203, hier: 202.

»Umkehrmission«, komprimierter kann ich es nicht aussagen, ist ein eurozentrischer Mythos der Migrationskirchenforschung. Ich fasse meine Dekonstruktion dieses Quellcodes von Missverständnissen zusammen: der Begriff der Umkehrmission taucht in migrationskirchlichen Selbstbeschreibungen kaum je gesondert auf, und wenn, dann im Kontext von Kirchen- und Gemeindewachstum. Von einer umkehrmissionarischen Landnahmetheologie [54] im europäischen Kontext kann keine Rede sein. In der Aussenwahrnehmung aber handelt es sich um den Paradebegriff zur Repräsentation migrationskirchlicher Differenz. Beginnend mit der Moratoriumsdebatte, dem mutmasslichen ökumenischen Ursprungskontext des Begriffs, wird das Motiv der Umkehrmission eine Generation später übertragen auf Migrationskirchen in Europa. Mit anderen Worten wandert ein im antikolonialen Zeitgeist der 1970er Jahre geborener Begriff in die Globalisierungsdiskurse um das Christentum der Gegenwart ein. In der Signatur des (in sich verzweigten) World Christianity-Ansatzes kondensiert Umkehrmission zum Konstitutionsbegriff einer mächtigen Christentumswelle aus dem globalen Süden, als gleichsam »subalternes Subjekt« der gesellschaftlichen Transformation des Abendlandes. Diese Standortbestimmung offenbart essentialistische Argumentationslinien, die Migrationskirchen zu einem einheitlichen, abgrenzbaren Block verarbeiten. Es ist augenfällig, dass Migrationskirchen um den dichten ideologischen Cluster der Umkehrmission herum als zugleich fremdes wie befremdendes Fragment aus dem »Global South« in hiesigen Religionstopographien gehandelt werden. Das landeskirchliche Fremdheitsmerkmal qualifiziert Migrationskirchen als »missionarisch« geprägten Kirchentypus eigenen Rangs im Gegenüber zu eher nicht- bzw. anders-missionarischen, territorial institutionalisierten Kirchen. Die hochkomplexe Bedeutungsgeschichte der *reverse mission* schlägt sich nieder selbst in Positionspapieren der Lausanner Bewegung. Darin werden Migrationskirchen als »missionale« Gelegenheit gewürdigt, im gleichen Atemzug jedoch angeprangert wegen ihres vermeintlich revers-missionarischen, kooperationsunfreundlichen »Triumphalismus«. Insgesamt birst diese Genealogie des Begriffs der Umkehrmission vor Allgemeinsetzungen; teils exotisiert und teils romantisiert sie Migrationskirchen, was nicht zuletzt deren feuilletonistische Aufbereitung anregt. Aus ökumenischer Sicht nun ist entscheidend,

---

[54] So postuliert, ohne weitere theologische Akzentuierung, Dümling, Migrationskirchen in Deutschland, 2011: 182.

Migrationskirchen nicht weiter als einheitlichen Fremdblock zu sehen, zusammen geschmiedet unter dem Label der Umkehrmission.

Um dies Konvolut der Umkehrmission aufzubrechen sind Einsichten der »reflexiven Wende« in der Migrationsforschung hilfreich.[55] Damit ist ein Paradigmenwechsel in der Migrationsforschung angezeigt, der die Plausibilität der klassischen Vorstellung einer Integration von Migranten in eine gesellschaftliche Ganzheit bestreitet. Stattdessen plädiert die reflexive Wende die Inklusionspotentiale von Migranten. Anders als der Integrationsbegriff, der einen Zustand der Teilhabe in einer definierten Gesellschaft beschreibt, ist »Inklusion«[56] prozessual verstanden. Der Inklusionsbegriff geht davon aus, dass sich die Verhältnisbestimmung zwischen Individuen und sozialen Systemen oder Organisationen immer neu, sozusagen beziehungsoffen herstellt. Migrantische Milieus sind damit kommunikativer Teil gesellschaftlicher Prozesse, nicht etwa Fremdkörper, die in einen zu erringenden dauerhaft-statischen Zustand der systemischen Integration überführt werden müssen.

Übertragen auf Migrationskirchen bedeutet dies, die multiplen Inklusionsleistungen christlicher Migranten zu würdigen. Der Inklusionsbegriff weist auf soziale Beziehungsakte hin, mit denen sich Migrationskirchen gesellschaftlich in multiplen Perspektiven zuordnen und verschiedene kirchliche Handlungsfelder erschliessen.[57] In der Schweizer Migrationsforschung etabliert sich die akademische Beschäftigung mit Migrations*kirchen* zunehmend als eigener Zweig. Allmählich kommen einzelne kirchliche Profile wie theologische Prägungen zur Darstellung, wird transnationalen kirchlichen Netzwerken nachgespürt, in denen sich die Mitglieder von Migrationskirchen bewegen.[58] Gerade im Aufbau migra-

---

[55] Boris Nieswand / Heike Drotbohm (Hg.), Kultur, Gesellschaft, Migration: Die reflexive Wende in der Migrationsforschung, Wiesbaden: Springer VS, 2014.

[56] Der anglophone Diskurs spricht weniger von *inclusion* als von *incorporation*, einem netzwerktheoretischen Begriff, und zuweilen von *embeddedness* oder *engagement*. Nieswand/Drotbohm favorisieren aus Mangel an sprachlichen Alternativen den Inklusionsbegriff, um migrantische *agency* jenseits des Integrationsbegriffs zu beschreiben, vgl. Boris Nieswand / Heike Drotbohm, Einleitung: Die reflexive Wende in der Migrationsforschung, in ders. / dies., Kultur, Gesellschaft, Migration: Die reflexive Wende in der Migrationsforschung, Wiesbaden: Springer VS, 2014: 1–37, hier: 15.

[57] Vgl. Boris Nieswand, Integration oder Segregation? Viele Pfade führen zu vielen Zielen, in: Religion und Gesellschaft in Ost und West 42 (9) 2014, 12–15; sowie Boris Nieswand, Wege aus dem Dilemma zwischen Transnationalismus- und Integrationsansatz. Simultane Inklusion von migranten-initiierten charismatischen Gemeinden in Berlin, in: Andrea Lauser / Cordula Weißköppel (Hg.), Migration und religiöse Dynamik: Ethnologische Religionsforschung im transnationalen Kontext, Bielefeld: transcript, 2008, 35–52.

[58] Ich greife einige jüngere Beiträge heraus: Jeanne Rey, Migration africaine et pentecôtisme en Suisse, Paris: Karthala, 2015; Daniel Frei, Networks of African Migrant Churches in Basel, in: Andreas Heuser /

tionskirchlicher Netzwerke formen Migrationskirchen institutionelle Kompetenzen verschiedenster Grade aus. Migrationskirchen sind in unterschiedliche transnationale wie nationale Netzwerke eingebunden, die zudem unterschiedlicher zeitlicher Dauer oder geographischer Reichweite sind.[59] Sie sind integriert und wirken am Aufbau sozialer, kirchlicher, mithin: ökumenischer Netzwerke mit, sind nicht Fremdkörper in einem System, sondern Akteure in transnationalen und lokalen Austauschprozessen. Sie sind kein homogenes Ganzes, sondern ausdifferenziert in »Christentümer« mit unterschiedlichen Erfahrungen von gesellschaftlich-kirchlicher Teilhabe. Diese in sich pluralen Präsenzformen des globalen Christentums in der Schweiz werden bleiben, sich verändern, neu zuordnen, eigene Varianten entfalten. Wesentlich aber ist, dass sie die Zukunft des Christentums in der Schweiz mitgestalten werden, sei es indem sie theologische, kirchliche und kulturelle Diversität fördern; sei es indem sie gesellschaftspolitische Identitätsdiskurse beeinflussen. Kurz: Migrationskirchen haben bereits Teil an gesellschaftlichem Leben, müssen es nicht erst erwerben.

Missionaler Impuls, oder: Im Treppenhaus migratorischer Ökumene

Es mag nun, angesichts dieser Perspektivenverschiebung auf Inklusion, überraschen, dass die populäre Formel der »Umkehrmission«, trotz ihrer bedenkenswerten Rubrizierung von Migrationskirchen, nun doch einen Kern künftiger ökumenischer Perspektiven einschliesst. Migrationskirchen in der Schweiz bauen ja aufgrund ihres Minoritätendiskurses der Gleichzeitigkeit, so habe ich argumentiert, vielfältige Inklusionspotentiale auf. Dieser von Migrationskirchen selbst bestückte Diskurs ist um einen Sendungsimpuls herum organisiert. Das heisst, dass migrationskirchliche Milieus einen missionalen *Impuls* freisetzen und sichtbar machen möchten, ohne den Ballast einer »Grossen Erzählung« wie

Claudia Hoffmann / Tabitha Walther (Hg.), Erfassen, Deuten, Urteilen. Empirische Zugänge zur Religionsforschung, Zürich: TVZ, 2013: 253–255. Einige Verweise auf Migrationskirchen liefert der allgemeinere Überblick von Martin Baumann, Von Gegenorten zu neuen Brücken- und Heimatorten. Moscheen, Tempel und Pagoden von Immigranten in der Schweiz, in: Adrian Hermann / Jürgen Mohn (Hg.), Orte der europäischen Religionsgeschichte, Würzburg: Ergon, 2015: 503–523.

[59] Vgl. hierzu Moritz Fischer, Pfingstbewegung zwischen Fragilität und Empowerment: Beobachtungen zur Pfingstkirche ʻNzambe Malamuʻ mit ihren transnationalen Verflechtungen, Göttingen: V&R unipress, 2011.

der von einer Umkehrmission mit sich schleppen zu müssen. Es geht ihnen nicht um Umkehrmission, sondern sie drücken ein Bedürfnis nach Sendung aus. Es ist dieser Sendungsimpuls, den reformierte Landeskirchen, aber eben auch die in der Lausanner Bewegung zusammen geschlossenen Kirchen als grosse theologische Herausforderung ansehen. Daher bietet dieser strittige missionale *Impuls*, besser: die Wahrnehmung dieses Sendungsimpulses, meines Erachtens den Ansatzpunkt einer ökumenischen Neubegehung vor Ort. Er erinnert bleibend an den ekklesiologischen Stellenwert der Sendung, den die SEK-Studie hervorholt. Verkürzt wäre es, die ökumenische Qualität des Sendungsimpulses im Sinne der Kapstädter Verpflichtung der Lausanner Bewegung allein auf komplementär aufeinander abzustimmende evangelistische Strategien auszurichten. Ich plädiere dafür, diesen Impuls missiologisch zu durchdenken.

Den Reiz einer solcherart minimalistischen Definition macht aus, das Nachsinnen über Mission in migrationssensibler Absicht neu anzusetzen – und damit zu einem Grundmotiv des zweihundertjährigen Jubiläums der Basler Mission vorzustossen. Die Herausforderung freilich besteht darin, zunächst von eigenen Missionsentwürfen zu abstrahieren. Der Gewinn dieses formalen Zugangs im Sinne der Migrationskirchenforschung ist der, die Wahrnehmung von Migrationskirchen in der Schweiz, in Europa stärker empirisch abzustützen. Deren Vielfalt wird durch die dominante Imagination einer Umkehrmission überlagert, was Fremd- und Selbstausgrenzungen aus der ökumenischen Szene vor Ort erleichtert. Auch wenn dieser Vorschlag, sich auf den missionalen Impuls des Kircheseins zu besinnen, ungewöhnlich erscheint, greife ich doch eine Definition auf, die der Erlanger Missionswissenschaftler Hermann Brandt (1940–2009) einst vorgeschlagen hat. Er griff mit einer prägnanten Kurzformel 1998 in die seinerzeit in deutschen Landeskirchen neuerlich einsetzende Debatte um Mission ein: »*Mission ist Impuls zur Änderung.*«[60] Brandt hält sich nicht dabei auf, wer denn Sender des Impulses ist, und wer Rezipient. Er wollte mit seinem bedeutungsoffenen Angebot den »Reiz der Mission« überhaupt (wieder) zur Diskussion stellen.

Bei einer derartigen (kommunikationstheoretischen) Reduktion des Missionsverständnisses geht es darum, missionale Impulse miteinander ins Spiel zu bringen, die im weiten ökumenischen Feld mehr oder minder bewusst ausgesandt werden. Ziel und Zweck der konzentrierten Wahrnehmung eines missionalen

---

[60] In seinem Festvortrag zum dreissigjährigen Bestehen des Erlanger Lehrstuhls für Missions- und Religionswissenschaft im Jahr 1998, siehe Hermann Brandt, Vom Reiz der Mission: Thesen und Aufsätze, Neuendettelsau: Erlanger Verlag für Mission und Ökumene, 2003: 38 (Hervorhebung im Original).

Impulses ist es ja nicht, bei der schwierigen Übung stehen zu bleiben, die vielfachen Ansätze, Konzepte und stereotype Auffassungen von Mission abzulegen. Vielmehr gilt es, sich über Art, Reichweite und Ausformung dieses Impulses zu verständigen. Die Fokussierung auf diesen Impuls erleichtert es, sich in einem kommunikativen Raum wechselseitiger Beeinflussung zu bewegen, erleichtert es, kirchliche Experimentierräume zu begehen, um mehr oder minder gezielt Impulse aufzunehmen, um beabsichtige Änderungen zu bewirken oder um unbeabsichtigte Einflüsse zu verarbeiten. Während »Umkehrmission« einen Containerbegriff von Mission umreisst, der Migrationskirchen kirchenpolitisch zum imaginierten Anderen der Landeskirchen aufbaut, kodiert der missionale Impuls mögliche kirchliche Interaktionen in einem Schwellenraum, der gemeinsam begehbar ist. Es ist ein zwischenräumlicher Übergang, der selbst konzeptionelle Übernahmen oder die Entwicklung eigener missionaler Variationen möglich macht. Da er Platz für Differenz schafft, sind Reibungsflächen und Abgrenzungen keineswegs ausgespart, lassen sich jedoch wieder und wieder, prozesshaft um den Sendungsauftrag der Kirche herum ausrichten. Dieser Schwellenraum symbolischer, vielmehr: missionaler Interaktion ist bildhaft gesprochen ein *Treppenhaus migratorischer Ökumene.*[61]

Ökumenepolitisch brisant ist dieser Schwellenraum, da er im inklusiven Sinn die Gleichrangigkeit von Missionsverständnissen respektiert, die der missionale Impuls freisetzt. Es ist ein Hotspot, denn mannigfache Ausdeutungen des missionalen Impulses stehen hier nebeneinander, überlagern sich, kommentieren sich. Häufig divergieren sie, präsentieren ökumenisch »ungleichzeitige« Begründungen wie die, die einer Teilhabe an der *missio dei* oder solchen, die einer unvermindert kirchenoptimistischen Gemeindewachstumstheologie entspringen. Kirchen bewegen sich aus ihren eigenen Rückzugsräumen in diesem Treppenhaus migratorischer Ökumene aufeinander zu, müssen ihre gemeinsame Mitte erst ausmachen. Bei den einen wird die ekklesiologische Konstante der *missio* frisch geweckt, bei den anderen wird sie erinnert und wach gehalten. Den einen fällt es leichter, sich auf offene Begegnung einzulassen und einander einzuladen; den anderen dienen Ruhezonen, um sich von ungewohnten Machtbalancen zu erholen; Fluchtwege stehen offen gegen vermeintliche Einholungsakte in einseitige

---

[61] Die Beschreibung des »Treppenhauses« als Schwellenraum, der Identitätsbestimmungen zulässt, geht auf die afro-amerikanische Künstlerin Renée Green zurück. Bhabha übernimmt die Metapher zur Qualifizierung des Dritten Raums, der sich durch synchrone Präsenz, Gleichzeitigkeit von Differenz und Lebensentwürfen auszeichnet, vgl. H. Bhabha, Verortungen der Kultur, 1997: 127.

kirchliche Strukturen. Missionarische Praxis wird neu gegossen und umgestaltet. Dieses Missionsmosaik mutet selbstredend die Vielfalt konkreter Kirchen- und Theologieprofile zu und strengt kollektive Übersetzungen an. Bedeutungstransfers über den Charakter von Mission werden versucht, die sich – ganz ökumenisch – der Fremdheit und Vorläufigkeit jeder Übersetzungsleistung bewusst bleiben. Dieses Gemälde einer migratorischen Ökumene mag naiv sein. Doch der eigentliche Anspruch bleibt allen vor Augen, nämlich die eigentlich disruptive Kraft der Sendung (*missio*) der Kirche auszuloten, die auf das Reich Gottes verweist. Wie könnten solche neuartigen kirchlichen Schwellenräume, diese ökumenische Aufgabe der Zeit, Gestalt annehmen?

(Prof. Dr. Andreas Heuser ist Professor für Aussereuropäisches Christentum an der Universität Basel)

ABSTRACT

»Reverse mission« is a mythological prism in portrayals of migrant Christianity in Europe. The article re-/deconstructs origins and missiological ciphers of this formative narrative in migrant studies. Reverse mission is staged in discourses on World Christianity, imaged in mission history or theorized in recent ecumenical documents. It has evolved as a generic theme in public debates on migrant churches as well. In all these diverse layers, reverse mission presents reductionist meanings of mission. By breaking up this dense formula the article seeks to highlight the disruptive power of mission. Inspired by postcolonial readings it pleads for the recognition of a »missional impulse«. If negotiated within novel ecclesial spaces, this impulse is identified as base for migrant shaped ecumenism.

Ein globaler religiöser Klimawandel: Wie die demografische Entwicklung die christliche Mission verändert

Philip Jenkins

Das Christentum hat sich im vergangenen Jahrhundert ausgebreitet wie nie zuvor; es hat sich aber in eine Richtung entwickelt, wie es sich Missionsverantwortliche von früher nie hätten vorstellen können. Bei dieser Entwicklung haben zwar Bekehrungen zum Christentum eine wichtige Rolle gespielt, doch entscheidend waren vielmehr die demografischen Veränderungen. Und während das Christentum weltweit gewachsen ist, haben andere Religionsgemeinschaften nicht entsprechend abgenommen. In Tat und Wahrheit ist nämlich der Islam verhältnismäßig schneller gewachsen als das Christentum. In ihren Zukunftsvisionen haben Missionspioniere die Rolle der Bevölkerungsentwicklung massiv unterschätzt.

Beim vorliegenden Referat werde ich näher auf die Rolle eingehen, welche die Bevölkerungsentwicklung und die Evangelisation im Christentum weltweit spielen. Weiter werde ich auch auf den Einfluss des Christentums auf andere Glaubensrichtungen zu sprechen kommen – und wie diese Veränderungen neue Hindernisse und Chancen bei der Mission geschaffen haben.[1]

Christliches Wachstum

Die Wachstumsgeschichte des Christentums im Laufe des letzten Jahrhunderts und darüber hinaus ist heute bestens erforscht. In den traditionellen Kerngebie-

---

[1] Für dieses Referat habe ich mich stark auf die wertvolle World Christian Database (WCD) basiert. Die Datenbank liefert ein zuverlässiges Gesamtbild der Religionen, obwohl ich einige Bedenken hege in Bezug auf die Stichhaltigkeit der Zahlen, besonders bei bestimmten Regionen.

ten Europas und Nordamerikas blieben die Zahlen ziemlich konstant, während sie in anderen Gebieten spektakulär zunahmen. Allen voran verzeichneten Afrika, Asien und Lateinamerika ein ausgeprägtes Wachstum (siehe Tabelle).

Veränderung der geografischen Verteilung der Christen

Anzahl Christen (Millionen)	1900	1970	2010	2050
Afrika	10	143	493	1031
Asien	22	96	352	601
Nordamerika	79	211	286	333
Südamerika	62	270	544	655
Europa	381	492	588	530
Ozeanien	5	18	28	38
Total	588	1230	2291	3188

Quelle: World Christian Database; http://www.worldchristiandatabase.org/wcd/

Als auffälligsten Trend zeigen uns diese Zahlen den *verhältnismäßig* starken Rückgang in den klassisch christlichen Kerngebieten Europas und Nordamerikas. Das heißt allerdings nicht, dass die Zahl der Christen in diesen Regionen zurückgegangen ist, im Gegenteil: Vielmehr wurden die Europäer von der gleichzeitigen Zunahme von Christen an anderen Orten – vor allem in der südlichen Hemisphäre, also auf dem afrikanischen Kontinent, in Asien und in Lateinamerika – überholt. Gemäß der *World Christian Database (WCD)* wuchs das Christentum in Europa zwischen 1900 und 2010 um stolze 29 %. In Afrika jedoch nahm die absolute Zahl erfasster christlicher Gläubiger in der gleichen Zeitperiode um unglaubliche 4930 % zu. Die vergleichbare Wachstumsrate in Lateinamerika betrug 877 %. Bei einzelnen Denominationen fiel das Wachstum noch viel eindrücklicher aus: Im 20. Jahrhundert wuchs die katholische Bevölkerung Afrikas von 1,9 Mio. auf 130 Mio., was einer Zunahme um 6708 % entspricht.

Die Anzahl afrikanischer Christen nahm explosionsartig zu – von lediglich 10 Mio. um 1900 auf 500 Mio. im Jahr 2015. Und wenn man den Projektionszahlen Glauben schenkt, dann sollte bis 2050 eine Milliarde erreicht werden. Anders ausgedrückt: Die Anzahl afrikanischer Christen wird im Jahr 2050 fast doppelt so hoch sein wie die Zahl sämtlicher Christen rund um den Erdball im Jahr 1900. Das Christentum des 20. Jahrhunderts war klar euro-amerikanisch geprägt. Das Total europäischer und amerikanischer Christen betrug im Jahr 1900 82 % aller Gläubigen. Bis 1970 fiel dieser Anteil auf vorerst 57 %, danach nahm der Prozentanteil noch markanter ab. Heute machen die europäischen und amerikanischen Christen zusammen betrachtet nur noch 38 % des weltweiten Totals aus. Bis 2050 könnte die Zahl sogar weiter auf 27 % absinken.

Aber sogar diese Zahlen werden dem Ausmaß der Veränderung nicht gerecht. Denn die heute als »europäisch« oder »nordamerikanisch« aufgeführten Christen sind demografisch stark mit der südlichen Welthalbkugel verbunden. Bis 2050 wird ungefähr ein Viertel der US-Bürger über lateinamerikanische Wurzeln verfügen: Rund 50 bis 60 Millionen Amerikaner würden einen mexikanischen Hintergrund haben, weitere 8 % Amerikaner dürften asiatischen Vorfahren entstammen – wobei insbesondere die Koreaner, Chinesen und Vietnamesen über starke christliche Faktoren verfügen. Auch in Europa werden die traditionellen christlichen Gemeinschaften immer größere Anteile an Migranten – vor allem aus Afrika, Asien und der Afro-Karibik – aufweisen. Im Jahre 2050 wird also das »euro-amerikanische Christentum« ebenso kongolesische Gläubige in Paris oder koreanische Christen in Los Angeles einschließen. Auf diesen Punkt komme ich später noch zurück.

Zahlenmäßig werden wir Mitte des 21. Jahrhunderts das Christentum geografisch näher beim Äquator sehen müssen. Laut Statistik der *World Christian Database* wird der Hauptanteil der christlichen Bevölkerung im Jahre 2050 afrikanisch sein und weltweit 32 % ausmachen. Lateinamerika wird einen Anteil von 21 % halten – oder noch mehr, rechnet man Nordamerikaner mit lateinamerikanischem Hintergrund hinzu. Auf den Punkt gebracht, werden also gut mehr als die Hälfte aller Christen im Jahre 2050 Afrikaner oder Lateinamerikaner sein. Vergleichen wir dies mit der Herkunft der Christen im Jahr 1970, erkennen wir eine unglaubliche globale Veränderung über lediglich zwei bis drei Generationen hinweg.

Evangelisation und Bekehrung

Eine solch gewaltige Expansion lässt einen sofort an einen Erfolg von Evangelisation und Bekehrung denken. Dies mag in einigen Fällen auch zutreffen, hat aber noch ganz andere Gründe.

Wiederum liefert Afrika einige interessante Beispiele. Zwischen 1900 und 2000 nahm der christliche Anteil der afrikanischen Bevölkerung stark zu, nämlich von 10 % auf heute knapp die Hälfte. Dieses Wachstum zeigt sich in einzelnen kritischen Gebieten noch deutlicher – zum Beispiel in den Ländern, die heute zu Nigeria zählen. Im Jahre 1900 lebten dort rund 16 Mio. Menschen, darunter 4,2 Mio. bzw. 26 % Moslems und rund 180.000 bzw. ein Prozent Christen. 1970 haben die Moslems die Christen, wenn auch nur sehr knapp, überholt: Man zählte 41 % Moslems gegenüber 40 % Christen. Das heißt, dass in den 70 Jahren Zeitdifferenz die christliche Bevölkerungsgruppe in dieser Gegend um das Vierzigfache gewachsen war – was auf eine zahlenmäßig massive Bekehrung hin zum Christentum verweist, und zwar bei bestimmten Bevölkerungsgruppen wie den Igbo. Heute verfügen beide Religionen in der nigerianischen Bevölkerung über rund 45 Prozent.

Wenn auch Bekehrungen eine Rolle spielten, erscheint ihre Bedeutung gegenüber dem Einfluss der demografischen Entwicklung doch sehr klein. Wie erwähnt, zählte Nigeria im Jahre 1900 16 Mio. Einwohner, und heute leben in der gleichen Gegend 175 Mio. Menschen; bis 2050 könnten es sogar über 400 Mio. sein. Selbst wenn dort Christen keine einzige Bekehrung verzeichnen, sondern nur ihren Bevölkerungsanteil halten würden, dann würde das Christentum in Nigeria von 2015 bis 2050 von rund 80 Mio. auf über 180 Mio. wachsen. Und das ohne Berücksichtigung von Mission und Evangelisation.

Bevölkerungsentwicklung und religiöses Wachstum

Wenn wir die globalen Religionsaufteilungen betrachten, müssen wir unterschiedliche Bevölkerungsentwicklungen berücksichtigen, insbesondere auch regional unterschiedliche Wachstumsgeschwindigkeiten. So ist beispielsweise die europäische Bevölkerung im Vergleich zu afrikanischen, asiatischen oder lateinamerikanischen Bevölkerungen nur sehr langsam gewachsen.

Das Wachstum der nigerianischen Bevölkerung haben wir bereits angesprochen. Aber es gibt weitere aussagekräftige Beispiele. Äthiopien etwa zählte im

Jahre 1900 rund 12 Mio. Einwohner und wuchs bis 1980 auf 40 Mio. an. Heute zählt das Land rund 100 Mio. Menschen und dürfte bis 2050 gegen 190 Mio. erreichen. Wenn wir annehmen, dass Christen etwa die Hälfte ausmachen, dann dürfte die Anzahl äthiopischer Christen von 6 Mio. in 1900 auf beinahe 100 Mio. in 2050 wachsen – und dies abgesehen von Bekehrungen und Evangelisationen. Somit wären Äthiopien und Nigeria unter den zehn Ländern mit der größten christlichen Bevölkerung. Es muss dabei gesagt werden, dass die äthiopische Wachstumsrate noch bescheiden ist im Vergleich zu einigen andern Ländern. In den Gebieten des heutigen Kenia zählte die Bevölkerung 1900 lediglich eine Million Menschen; nach etwas mehr als einem Jahrhundert leben dort heute rund 40 Mio. Menschen; bis 2050 rechnet man mit 80 Mio. oder noch mehr.

Eine jüngste Fallstudie steht in direktem Zusammenhang mit der Basler Mission, die in den 1820er Jahren an Afrikas Goldküste (später Ghana) missionierte. Zu dieser Zeit lebten in dieser Region vermutlich etwa eine halbe Million Menschen, vielleicht auch etwas mehr. Bis 1980 wuchs die Bevölkerung auf 11 Mio. und zählt heute 27 Mio. Bis 2050 könnten es sogar 50 Mio. Ghanaer sein. Als die Basler Mission im Land Fuß fasste, gab es dort fast keine gebürtigen Christen. Heute zählt das Land rund 17 Mio. Christen, und bis 2050 könnten es doppelt so viele sein. Um die Zahl besser beurteilen zu können, vergleichen wir sie mit der kleinen Bevölkerungszahl der Schweiz zu jener Zeit, als die Basler Mission ihre Arbeit aufnahm: knappe zwei Millionen. Am besten kann man es mit der Zinseszins-Entwicklung vergleichen: Je mehr Zeit vergeht, desto mehr Gewinne wirft eine kleine Investition ab.

Mehr oder weniger ausgeprägt ergeben sich ähnliche Bilder für die meisten afrikanischen Länder und für viele Länder im Mittleren Osten und Südasien. Die demografischen Auswirkungen lassen sich schnell überblicken. Um 1900 machten die Europäer ungefähr ein Viertel der Weltbevölkerung aus, bis 2050 dürfte dieser Anteil nur noch etwa acht Prozent betragen. Demgegenüber gab es um 1900 ungefähr 130 Mio. Afrikaner, 2005 lag deren Anzahl bereits über der Milliardengrenze, und bis 2050 könnte sich diese Zahl zwischen 2 und 2,25 Milliarden einpendeln. Anders gesagt: 1900 entfiel auf drei Europäer ein Afrikaner, während sich bis 2050 das Verhältnis genau umkehren könnte, ein Europäer auf drei Afrikaner.

Früher spielte die Mission eine entscheidende Rolle im Aufbau einer christlichen Präsenz in solchen Ländern. Auch Bekehrungen verzeichneten gewisse Erfolge. Doch die exponentiell wachsenden Zahlen bis heute sind vielmehr eine Folge des Bevölkerungswachstums.

Andere Religionen

Überschwängliche Aussagen über die Expansion des Christentums müssen immer auch im Wachstumskontext bei anderen Glaubensausrichtungen gesehen werden, die ja von denselben Grundbedingungen profitierten. Hat beispielsweise eine Religion in Afrika oder Indien um 1900 eine bestimmte Anzahl Gläubige gewonnen und diesen Anteil über die Jahre halten können, dann hat sie zahlenmäßig bereits enorm zugelegt. Zu einem großen Teil erklärt genau dies die Entwicklung des Islams im vergangenen Jahrhundert. Und das trifft zu, unabhängig von der intellektuellen oder geistlichen Anziehungskraft einer Religion, dem Charisma ihrer Leiter oder dem Einfallsreichtum von Missionen.

Sowohl das Christentum als auch der Islam sind im vergangenen Jahrhundert massiv gewachsen, wobei die Moslems die Christen deutlich überholt haben. Bevölkerungsanteilsmäßig ist das Christentum im vergangenen Jahrhundert weltweit überraschend stabil geblieben. Im Jahre 1900 machten Christen ungefähr ein Drittel der Weltbevölkerung aus. Das ist bis heute etwa so geblieben. Auf das Jahr 2050 projiziert, dürfte das Verhältnis nach wie vor auf einem Drittel verharren.

Die Vergleichszahlen beim Islam zeigen, dass der Weltanteil von Moslems viel ausgeprägter zugenommen hat. Die rund 200 bis 220 Mio. Moslems von 1900 repräsentierten ungefähr 12–13 % der Weltbevölkerung, verglichen mit 22,5 % heute bzw. den für das Jahr 2050 projizierten 27,3 % (*World Christian Database*). 1900 betrug das Verhältnis von Christen zu Moslems 2,8:1. Heute kommen 1,5 Christen auf einen Moslem, und 2050 wird das Verhältnis auf 1,3:1 geschätzt. Das Christentum wird weiterhin die größte Weltreligion bleiben, wenn auch mit einem viel kleineren Vorsprung als in früheren Perioden.

Anders ausgedrückt, leben heute viermal mehr Christen als 1900, aber im gleichen Zeitabschnitt wuchs der Islam mindestens um das Siebenfache. In einem großen Ausmaß verdankt der Islam dieses Wachstum seiner Konzentration auf diejenigen Regionen, welche im 20. Jahrhundert stets über große Fruchtbarkeitsraten verfügten. Der Trend findet sich etwa im britisch regierten indischen Reich um 1900, welches heute die Staaten Indien, Pakistan und Bangladesch sind. 1900 hatten diese Länder insgesamt ein Bevölkerungstotal von 300 Mio., inklusive 70 Mio. Moslems und über 210 Mio. Hindus. Heute lebt über 1,5 Mia. Menschen in dieser Region. Dazu gehören 450 Mio. Moslems und fast eine Milliarde Hindus. Bis 2050 dürfte man hier ungefähr 700 Mio. Moslems zählen. Diese demografische Flut kommt allen Religionen zugute.

Fruchtbarkeit und Glaube

Demografische Faktoren liefern fundierte Erklärungen für die Veränderungen in der Landkarte der Weltreligionen. Ebenso fördern sie das Verständnis der verschiedenen Glaubensüberzeugungen und der Praktiken, die in bestimmten Regionen vorherrschen. Die demografischen Faktoren zeigen ebenfalls auf, weshalb gewisse Regionen und Gesellschaften für Mission offen, andere hingegen praktisch verschlossen sind. Ohne einer zwingenden demografischen Vorherbestimmung das Wort reden zu wollen, stehen diese Faktoren in engem Zusammenhang einerseits mit der Säkularisierung und andererseits mit dem glühenden Engagement der Gläubigen.

In vergangenen Jahren waren die Europäer führend in der Mission, wie Erfolge rund um die Welt belegen. Heute hingegen ist der größte Teil Europas zutiefst säkular, und zwar in einem solchen Ausmaß, dass einige wissenschaftliche Studien Glaubensüberzeugungen in verschiedenen Ländern bis Ende dieses Jahrhunderts als aufgelöst sehen. Eine Studie von 2011 von der *American Physical Society* kam zum Schluss, dass bis Ende dieses Jahrhunderts neun Nationen völlig religionsfrei sein werden: Australien, Österreich, Kanada, die Tschechische Republik, Finnland, Irland, Niederlande, Neuseeland – und, man staune, die Schweiz. Unabhängig davon, ob solche Projektionen sich bewahrheiten werden oder nicht, haben die Gründe für den Religionszerfall doch einen gewissen Vorhersagewert zum besseren Verständnis des religiösen Weltklimas.

Eine wichtige Statistik zum Verständnis von Gesellschaften ist die Fruchtbarkeitsrate, also wie viele Kinder eine Frau im gebärfähigen Alter durchschnittlich haben wird. Beträgt die Fertilitätsrate pro Frau rund 2,1 Kinder, gilt das Bevölkerungswachstum als stabil, und die Fertilitätsrate heißt in diesem Falle »Reproduktionsniveau«[2]. Höhere Raten, wie 5 oder 6 Kinder pro Frau, führen zu raschem Bevölkerungswachstum mit vielen jungen Erwachsenen, inklusive den damit verbundenen Unruhen und Turbulenzen. Eine Fruchtbarkeitsrate unter 2,1 lässt das Bevölkerungswachstum zurückgehen und eine Gesellschaft überaltern. Obwohl natürlich auch Sterberaten aussagekräftig sind, lassen wir diese für den Moment außer Betracht.

---

[2] Personelle Vielfalt als Schlüssel zur Bewältigung des Wandels, Tagungsbericht (Personelle Vielfalt als Schlüssel zur Bewältigung des Wandels, 28.–29.11.2007, Brüssel, EUROCADRES), zusammengestellt v. Ä. Helg/M. Vakoufari, 15.

Nicht zufällig hat das stark säkularisierte Europa seit den 1960er Jahren historisch tiefe Geburtenraten verzeichnen müssen. Die tiefsten finden sich mit 1,3 in Spanien und Italien sowie in einigen deutschen Regionen mit rekordtiefen 0,8. In Frankreich und England liegen die Fruchtbarkeitsraten nahe dem Reproduktionsniveau – doch der Grund dafür ist die hohe Fruchtbarkeit der Immigranten. Die Raten klassischer weißer Völker bleiben allgemein auf tiefem Niveau. In der Schweiz etwa fiel die Fertilitätsrate von 2,66 in 1964 auf heute lediglich 1,52. Um diese Zahlen in einen perspektivischen Vergleich zu bringen, war die schweizerische Rate Mitte der 1960er Jahre höher als die heutige Fruchtbarkeitsrate Indiens.

Die demografischen Veränderungen wirken sich auch nachhaltig auf Veränderungen der Religionen aus, obwohl hier keine simple Kette von Kausalitäten besteht. Ebenso können Ursache und Wirkung oft nicht voneinander unterschieden werden. Sinkende Fruchtbarkeit begleitet die Emanzipation und den Eintritt der Frauen in die Berufswelt. Dies resultiert oft aus einem Rückgang der Bedeutung traditioneller, religiöser Rollenverständnisse der Geschlechter. Entsprechend lockerer werden die Bindungen zwischen nunmehr kleineren Familien und religiösen Institutionen, da einfach weniger Kinder in den Religionsunterricht und zur Erstkommunion zu schicken sind. Mit dem Schwinden solcher religiöser Bindungen definieren Laienpersonen ihre Werte mehr und mehr individuell und säkular. Zudem steigt ihre Oppositionsbereitschaft gegenüber sozialen und politischen Themen der Kirche wie Geschlecht und Moral. Selbst in traditionell katholischen Ländern sind Verhütung, Abtreibung, gleichgeschlechtliche Ehen und jäh sinkender Gottesdienstbesuch und -mitwirkung auf dem Vormarsch. Wenn auch demografische Grundlagen nicht das gesamte Bild der europäischen Säkularisierung der letzten 50 Jahre wiedergeben, sind sie doch ein Teil des Geschehens, vor welchem wir zum eigenen Schaden die Augen verschließen. Der Zusammenhang zwischen Glaube und Anzahl der Kinder ist erwiesen und signifikant.

Umgekehrt gehen hohe Geburtenraten mit Instabilität und religiösem Engagement einher. Diese Verbindung wird anhand von Gesellschaften mit den weltweit höchsten Geburtenraten deutlich, nämlich in den islamistisch geprägten nordafrikanischen und südasiatischen Ländern, aber ebenso im christlichen Schwarzafrika. Die höchsten Raten findet man etwa in Ländern mit steten Negativschlagzeilen wie Irak, Afghanistan, Somalia, Tschad und im Gazastreifen. Diese Regionen bilden den absoluten Gegenpol zu den pazifistischen und säkularen Trends in Europa. Diese hochreligiösen Länder weisen eine dominante Unterbeschäftigung junger Männer auf, die bereit sind, ihre Probleme konsequent religiös zu definieren, und sich bevorzugt Bewegungen anschließen, welche ihnen Hoffnung auf ein »tausendjähriges Reich« in dieser oder in der nächsten Welt machen.

Wie ich schon mehrmals betont habe, handelt es sich hier nicht um einen christlich-muslimischen Graben. Interessanterweise verzeichnen gerade islamische Länder wie Iran, Tunesien und Algerien über weltweit am schnellsten sinkende Geburtenraten. Dort ist ab der nächsten Generation mit einer Säkularisierung der europäischen Art zu rechnen. Außer im Iran findet man den stärksten Geburtenrückgang in den Maghreb-Ländern mit den engsten Migrationsverbindungen mit Europa, nämlich Algerien, Marokko und Tunesien. Demgegenüber verfügen Länder mit sehr schwachen Verbindungen mit Europa – wie Irak oder Afghanistan – über Drittweltprofile. Die demografische Redensart »Je näher bei Rom eine Frau lebt, desto weniger Kinder hat sie.« gilt auf beiden Seiten des Mittelmeers.

Sehr wahrscheinlich werden demografische Faktoren die islamische Welt dual aufteilen: hier die Region mit hohen Geburtenraten und hohem Konfliktpotential (Pakistan, Irak, Syrien), dort die Gebiete relativer Ruhe und Balance (Algerien, Iran usw.). Wir können aber heute schon verstehen, weshalb Gesellschaften wie in Pakistan und Afghanistan einen aktiven Nährboden für extremistische und fundamentalistische Bewegungen bieten und weshalb es für christliche Missionswerke dermaßen schwierig ist, vielerorts in der islamischen (aber auch in der hinduistischen) Welt überhaupt Fuß fassen zu können.

Amerikanische Evangelikale sprechen oft mit einer gewissen Ehrfurcht und viel Hoffnung vom »10/40-Fenster«: Damit gemeint ist das riesige Gebiet Eurasiens zwischen dem 10° und dem 40° nördlich des Äquators. In diesen Regionen hat die christliche Mission einen schweren Stand; hier leiden christliche Volksgruppen oft unter Verfolgung und Diskriminierung – durch Hindus wie Moslems. In diesem Zusammenhang berichtet die amerikanische Journalistin Eliza Griswold kompetent über den zehnten Breitengrad, der sich von Westafrika bis nach Indonesien zieht und oft auch die Kampffront zwischen christlichen und muslimischen Kräften markiert. Doch statt des Breitengrades wären demografische Profile viel zutreffendere Kategorien für die Charakterisierung dieser Gebiete. Vielleicht wäre »Fünf-Kinder-Gebiet« der besser geeignete Ausdruck als das »10/40-Fenster«.

Trends für die Zukunft

Gehen wir, zur Verdeutlichung des Sachverhaltes, von der Gültigkeit der vorgestellten demografischen Einflussgrößen aus. Sind diese tatsächlich so einflussreich, dann lassen sich bestimmte Vorhersagen über die Welt und den Kontext für die Mission in der näheren Zukunft ableiten. Dabei werden drei markante Trends sichtbar:

Erstens setzen sich bestehende Trends in Europa fort und nehmen sogar zu – und zwar im Zusammenhang mit der damit verbundenen Säkularisierung.

Zweitens werden die gleichen Trends, die sich bis vor Kurzem noch ausschließlich auf Europa bezogen, sich zunehmend über die ganze Welt ausbreiten. Das zeigt sich bereits am Beispiel Lateinamerikas, welches europäischen Trends eng folgt. Studien belegen einen ähnlichen Säkularisierungsprozess in Ländern wie Brasilien und Argentinien. Vergleichbare Trends werden in vielen Ländern deutlich. Einige der weltweit tiefsten Geburtenraten findet man in ostasiatischen Ländern wie China, Südkorea und Singapur. In großen Gebieten Indiens wie etwa im Nordwesten und generell im Süden des Landes liegen die Geburtenraten in einem ähnlichen Bereich wie in nordeuropäischen Ländern, etwa in Dänemark.

Drittens: Die große Ausnahme bei diesem globalen Trend bleibt Afrika, wo die extrem hohen »Drittwelt-Geburtenraten« keine Anzeichen des Rückgangs zeigen. Das heißt auch, dass der Anteil der auf dem afrikanischen Kontinent beheimateten Christen noch viel stärker wachsen wird als in der Vergangenheit angenommen oder als ich es in der vorliegenden Arbeit untersucht habe.

Neue Missionskonzepte

Die Tatsache, dass ich mein Augenmerk besonders stark auf die sozialen und kulturellen Trends ausrichte, mag den Eindruck erwecken, dass ich Missionen und ähnliche Organisationen mit Verzweiflungsbotschaften entmutigen möchte. Und dass, was immer diese tun oder unterlassen würden, dies unweigerlich ganz bestimmte Folgen hätte. Die Zahl der Christen dürfte weiter wachsen, vor allem in Afrika, während der größte Rest der Welt weiter säkularisiert würde. Doch dieser Eindruck ist falsch.

Was in unserer Lebensphase zum größten Teil zu Ende gegangen ist, ist nicht die Mission selbst, sondern eine Phase der Mission, die verschiedene Stadien durchlaufen hat. Seit der Reformation haben wir eine große katholische Phase der Bewegung erlebt, die von ca. 1520 bis 1720 dauerte. Diese wurde durch eine zweite protestantische Phase abgelöst, in welcher die Basler Mission eine sehr bedeutende Rolle spielte. Diesen Abschnitt wiederum beendeten einerseits das Wachstum lokaler, nicht-europäischer Kirchen in der Mitte des 20. Jahrhunderts sowie andererseits die Verschiebung in die südliche Welthalbkugel. Zu dieser Phase gehörten auch massive Anstrengungen, gesellschaftliche Randgruppen zu erreichen. Heute dürften wir die erste Phase der Mission als abgeschlossen betrachten, da der Glaube global und auf allen Kontinenten präsent ist. Europäische Missionen haben nach wie vor ihre Bedeutung, doch müssen Ziele und Mittel für die nächste Phase neu und von Grund auf überdacht werden.

Es ist mir klar, dass ich Themen und Trends skizziere, welche die Professoren Andreas Heuser und Ralph Kunz weit gründlicher und systematischer behandeln werden.

I. Das säkulare Europa

In der modernen Geschichte gingen missionarische Bewegungen in der Regel von der Vision aus, dass Gesandte des euro-amerikanischen Christentums eine nicht- (oder halb-) christliche Welt bekehren sollten. Zunehmend scheint sich aber besonders Europa bald zu einer der weltweit am wenigsten religiösen und christlichen Regionen zu entwickeln. In der Vergangenheit haben auch einige Autoren spekuliert, dass Europa von jüngeren Kirchen des Südens neu christianisiert werden könnte. Doch dieser Ansatz greift zu weit. Stattdessen sollten wir in Europa eher auf solche Gruppierungen achten, die sich als Folge einer Gesellschaft, die sich nicht mehr auf traditionelle Werte in Bezug auf Familie, Kinder und die Arbeitswelt beruft, gebildet haben.

Trotz jüngster düsterer Aussichten in Bezug auf das Schicksal von Religion ist das Bild doch nicht durchwegs negativ. Und man erkennt auch einen lebhaften potentiellen Markt für neue Formen, um Menschen mit dem christlichen Glauben zu erreichen. Nebst einem klar erkennbaren Zerfall von traditioneller, formaler Religiosität zeigt sich auch deutlich eine Begeisterung für Spiritualität in einem weit gefassten Sinn, jedoch oft in klar traditionellen Formen. Der beste Nachweis dafür ist die Superstar-Popularität von Papst Franziskus, der weit herum als großer Hoffnungsträger gilt. Eine bemerkenswert ausgeprägte christliche Tradition zeigt sich ebenfalls in der großen, bisher einmaligen (und völlig widersprüchlichen) Beliebtheit von Wallfahrten. In den 1950er Jahren vermochte Lourdes rund eine Million Besucher anzuziehen. Heute sind es jährlich gegen sechs Millionen; selbst an einem ruhigen Tag werden an die 50.000 Besucher gezählt. Den polnischen Wallfahrtsort Jasna Góra, Czestochowa, besuchen jährlich 4–5 Mio. Menschen, um das wundersame Bild der Jungfrau Maria zu besichtigen. Pro Jahr besuchen rund 15 % der polnischen Bevölkerung eine Pilgerstätte. 4 Mio. Gläubige besuchen den Ort von Marias Erscheinung in Fátima, Portugal.

Anstatt einfach auszusterben, verändert sich das Christentum hin zu neuen Formen, die seiner Minderheitsposition besser entsprechen. Am eindrücklichsten zeigt sich dies bei der Römisch-Katholischen Kirche, die tief religiöse Gruppierungen und neue Orden hervorgebracht hat. Zu den erfolgreichsten unter den neuen kirchlichen Bewegungen zählen *Opus Dei*, das *Neokatechumenat*, die *Fokolar*-Bewegung, *Gemeinschaft und Befreiung* sowie kleinere Gruppierungen wie die Gemeinschaften *Sant'Egidio*, *Arche*, *Schönstatt* und *Emmanuel*. Die Anglikanische Kirche hat nebst zahlreichen neupfingstlerischen Bewegungen und sogar Megakirchen mit dem *Alpha-Kurs* einen neuen institutionellen Rahmen geschaffen.

Diesen neuen Formen gemeinsam ist ihre Eignung für eine individualisierte statt gemeinschaftsorientierte Welt, zu welcher Traditionen von Massenzugehörigkeit zu religiösen Institutionen ebenso wenig noch passen wie etwa Massenproduktion. Die neuen Bewegungen sind auch nicht mehr bereit, traditionelle Institutionen wie kinderreiche Familien oder Gemeinschaften, die für ihre Kinder eigene Schulen und Kirchen instaurieren, ohne zu hinterfragen zu akzeptieren. Diese Gruppierungen sind offen für ältere Menschen wie für Unverheiratete. Sie sind dezentral, ausgeprägt mediengewandt und bieten hohen geistlichen Nutzen gegen einen großen Einsatz an Zeit und Engagement.

Die genannten Gruppen repräsentieren nicht nur neue Konzepte christlicher Lebensgestaltung, sondern könnten weit über Europa hinaus als Experimentierformen für die Mission dienen. Insbesondere eignen sie sich ideal für überalternde, säkularisierte Gesellschaften mit tiefen Geburtraten in Ostasien und Lateinamerika.

II. Die Süd-Süd-Mission

Wirtschaftlich gesprochen könnte man Europa als neuen »Glaubensmarkt« und die jüngeren Kirchen des Südens als neue »Hauptlieferanten« bezeichnen. Nebst dem verhältnismäßigen Rückgang der europäischen Mission zeigt sich ein weiterer aktueller Haupttrend in der steigenden Zahl an Missionen in der südlichen Hemisphäre, die oft auch andere Regionen unterhalb des Äquators anvisieren. Zum Beispiel die kongolesischen und nigerianischen Kirchen, die in ganz Afrika evangelisieren, oder koreanische Missionen, die in verschiedenen Teilen von Afrika und Asien tätig sind. Die »Süd-Süd-Mission« ist eine entscheidende und immer noch wenig untersuchte Phase der kontinuierlichen Missionsbewegung.

Einen Aspekt in dieser Hinsicht sehen wir in den portugiesisch-sprachigen Regionen, die etwa 9 oder 10 % der weltweiten christlichen Bevölkerung ausmachen. Obwohl Portugal schon lange keine Missionare mehr entsendet, hat Brasilien diesen Part übernommen, sodass nun Portugiesisch zu einer der wichtigsten Missionssprachen geworden ist, insbesondere für die Süd-Süd-Mission. Brasilianische evangelische Kirchen setzen sich in höchstem Maß für die Mission in der portugiesisch-sprachigen Welt ein, speziell in Afrika.

Eine der erfolgreichen Kirchen ist etwa die *Universal Church of the Kingdom of God (Igreja Universal do Reino de Deus, IURD)*. Die am sogenannten Wohlstandsevangelium orientierte Pfingstgemeinde wurde 1977 in Rio de Janeiro gegründet, ist jedoch sehr umstritten und hat in einigen Ländern zu Untersuchungen und Rechtsfällen geführt. Kritiker bezeichnen diese Kirche als zynisches, Geld scheffelndes Unternehmen. Allen Angriffen zum Trotz floriert die IURD und meldet mehrere Millionen Mitglieder.

Seit den frühen 1990er Jahren ist das portugiesisch-sprachige Afrika eines der Hauptmissionsgebiete der IURD. Die stark marxistische Ausrichtung der Regierungen in Angola und Moçambique verlangsamte die Expansion im Vergleich zum übrigen Afrika, aber die Botschaft der IURD fand ein Massenpublikum. Nebst kleineren Kirchen gehören heute auch Megakirchen brasilianischen Zuschnitts zum Stadtbild, die in explodierenden Zentren wie Maputo und Luanda tätig sind. Leider berichten westliche Medien kaum über Großveranstaltungen dieser Kirchen, außer bei Rückschlägen wie der Katastrophe mit mehreren Toten bei einem Großanlass in Luanda 2012. In einem solchen Kontext scheinen wohl Anlässe mit Millionen Gläubigen keinen Medienwert zu haben. Auch andere brasilianische Kirchen wie *God is Love* und *Renascer em Cristo* (Wiedergeboren in Christus) bezeichnen sich als global und konzentrieren sich auf das portugiesisch-sprachige Afrika.

III. Migranten und Mission

Ich habe bereits mehrfach das explosive Bevölkerungswachstum einiger Länder erwähnt, besonders in Afrika. Aber das Bild stimmt in einem wichtigen Punkt nicht. Die Zahl der Menschen in Nigeria, Äthiopien oder Uganda schwillt tatsächlich an, wie ich es aufgezeigt habe. Aber die Menschen bleiben nicht unbedingt in ihren Ländern. Sie wandern massenweise in andere Länder aus, deren tiefe Geburtenraten dazu führen, dass es an Arbeitskräften und Steuerzahlern mangelt.

Andere Studien auf dieser Konferenz thematisieren die *Reverse Mission* bzw. die sogenannte Re-Missionierung. Wie ich festhalten möchte, geht es dabei um ein sehr komplexes Phänomen. In Europa und Nordamerika finden wir überall Kirchen, die in der südlichen Hemisphäre verwurzelt sind. Diese haben sich klar zum Ziel gesetzt, den Norden zu missionieren. Wie die erwähnte IURD gehört auch die *Nigerian Redeemed Christian Church of God* zu dieser Gruppe. Langfristig betrachtet ist diese gezielte Mission allerdings nur ein Teil – und vielleicht nicht einmal der wichtigste – eines größeren Phänomens.

Die Erfahrungen aus dem letzten halben Jahrhundert haben andere Wege aufgezeigt, wie Migranten ihre religiösen Gewohnheiten und Strukturen an den Zielort mitbringen. Nehmen wir das Beispiel einer afrikanischen oder asiatischen Gruppe, die sich in einem europäischen Staat niederlässt, ohne dabei ausdrücklich missionarische Ziele zu verfolgen. Im Laufe der Zeit schaffen sie allerdings ihre eigenen Glaubensgemeinschaften im Dienst ihrer eigenen Mitglieder. Sie werden Teil der Gesellschaft am neuen Ort und erweitern somit das christliche Spektrum. Will man dieses Phänomen allerdings der Re-Missionierung zurechnen, dann höchstens unter der Kategorie der zufälligen anstatt gezielten Re-Missionierung.

In andern Fällen wird eine Überseekirche auf eine lokale Migrantengemeinschaft aufmerksam und gründet Gemeinschaften zu ihrer Unterstützung. Und obwohl solche Aktivitäten nicht ausdrücklich missionarisch sind, fördern sie doch die Verbreitung des christlichen Glaubens. Einige dieser Migrantenkirchen auf der Nordhalbkugel bringen dann ihren Glauben wieder zurück in ihr Heimatland.

Als augenfällige Analogie bietet sich der Islam an, der sich in den vergangenen Jahrzehnten in Europa genau nach diesem Muster ausgebreitet hat. Die zahlreichen Moscheen belegen diese Entwicklung. Davon entfällt nur ein kleiner Bruchteil auf gezielte Missionstätigkeiten; die große Mehrheit neuer Moscheen entstand aufgrund von Basisbewegungen vor Ort. Und so sollten wir auch die Vielzahl der Migrantenkirchen in Europa und Nordamerika sehen.

Über eine Klassifizierung solcher »missionarischer« Tätigkeiten von Migrantenkirchen kann man lange diskutieren, aber auf jeden Fall sollten sie die Missionsorganisationen auf der nördlichen Welthalbkugel zum gründlichen Überdenken ihrer Vorgehensweise anregen. Partnerschaften mit solchen Kirchen eröffnen Institutionen im Norden enorme Chancen für den Zugang zu großen, weltweiten Netzwerken.

Ich habe die wichtige Rolle demografischer Zusammenhänge für das Verständnis religiöser Veränderung und Entwicklung unterstrichen. Die vorliegende Arbeit zeigt allerdings eine noch weit wichtigere Erkenntnis auf. Gemeint sind die weitgehenden, oft ungeplanten Konsequenzen von scheinbar unbedeutenden Entscheidungen in der Vergangenheit. Wenn beispielsweise eine Missionsgesellschaft im 19. Jahrhundert in einem fernen afrikanischen oder asiatischen Land einen kleinen Stützpunkt aufbaute, konnte sie sich keine Vorstellung davon machen, wie sehr sich diese Investition in der Zukunft auszahlen würde. Ebenso wenig konnte sie erahnen, welche entscheidend wichtige Rolle die winzige Mission spielen würde, sobald die Bevölkerung und die Bedeutung dieses Landes stark wachsen würden. Diese historische Perspektive sollte in uns die Ehrfurcht vor dem wecken, was Organisationen wie die Basler Mission geleistet haben. Diese haben keinen Grund, bescheiden zu sein.

(Prof. Dr. Philip Jenkins ist Professor für Geschichte am Institute for Studies of Religion an der Baylor University in Waco (Texas/USA))

ABSTRACT:

Demography plays a critical role in understanding religious change over time. Demographic changes help explain the massive shift of Christian numbers to the Global South in recent decades, and also the relative growth of Christian and Muslim populations worldwide. Beyond the simple fact of growth or decline, changes in the fertility rates and the age profile of a society shape the character of religion, and thus the level of secularization or of religious enthusiasm in different communities. In each case, these factors determine the very different opportunities and constraints faced by mission ventures. Demographic influence on religion is most evident in Europe, where it contributes powerfully to secularization. However, demographic stagnation and decline are also now strongly evident in much of the Islamic world, and those areas may well follow broadly »European« religious trends in coming decades.

Mission als Zukunft der Kirche – neue Paradigmen und ihre Bedeutung für die Praxis

Ralph Kunz

Etwa seit der Jahrtausendwende feiert der Begriff »Mission« in europäischen Kirchen ein unerwartetes Comeback. Hintergrund ist der dramatische Mitgliederschwund der »Volkskirchen«. Der europäische Missionsdiskurs lässt sich aber nicht auf die Erhaltung der bestehenden Kirche reduzieren. Die Behauptung, die Zukunft der alten Volkskirchen liege in der Mission, ist ein Anlass nachzufragen: Wie missionarisch soll die Kirche sein und wie kirchlich darf die Mission sein? Welche Gemeindeformen haben Zukunft? Wie können die Kirchen in verschiedenen Milieus das Evangelium kommunizieren? Welche missionarischen Paradigmen haben Potenzial für die Kirchen?

1. Comeback oder *backlash*

Seit ca. 15 Jahren ist der Begriff »Mission« in europäischen Kirchen wieder en vogue, was u. a. auf den erheblichen Mitgliederrückgang der »Volkskirchen« zurückzuführen ist. Es ist offensichtlich, dass die traditionellen Muster der religiösen Sozialisierung nicht mehr spielen. Bemerkenswert ist das Comeback, weil der Begriff lange Zeit Widerstände weckte – und immer noch wecken kann. Studiert man die einschlägigen kirchlichen Papiere, bekommt man freilich den Eindruck, das kümmere die Kirchenleitungen wenig. Mission ist wieder »in« – als Programm, das hilft, verlorene Mitglieder zurückzugewinnen, gegen den Trend zu wachsen oder auch Neuland zu erschließen. Eine erfreuliche Begleiterscheinung dieser Tendenz ist die Aufweichung harter Fronten. Die alten Grabenkämpfe zwischen der liberalen, evangelikalen und religiös-sozialen Richtung haben sich durch den pragmatischen Pakt entschärft. Es herrscht Konsens: Wir müssen etwas tun! Und man hält Ausschau nach Best Practice. Hüben wie drüben werden Leuchtfeuer gezündet, Erfolgsmodelle propagiert und Strategien diskutiert, um neue Gemeindeformen zu etablieren. Also alles paletti? Oder vielleicht doch zu platt?

Die Behauptung, die Zukunft der alten Volkskirchen liege in einer neu aufgelegten Mission, verlangt nach einer genaueren Prüfung. Von einem Konsens zu sprechen, wäre naiv – nur Gefahren zu wittern paranoid. Die neue Begeisterung für das Missionarische ist für die Praktische Theologie darum ein Anlass nachzufragen: Wie missionarisch kann die Volkskirche werden, wenn sie bleiben will, was sie nie war? Und wie kirchlich darf sich Mission gebärden, wenn sie etwas erreichen will, was dem Arrangement einer Großkirche eigentlich zuwiderläuft? Etwas weniger dialektisch formuliert: Welche missionarischen Paradigmen haben Potenzial für die Kirchen?

Sie hören aus diesen Fragen mein Anliegen: Ich möchte Mission und Kirche aufeinander beziehen. Das geht nicht ohne eine Rekapitulation der jüngeren Geschichte. Sie hören auch den kritischen Unterton. Brauchen wir die neue Mission, um der Kirche wieder zur alten Größe zu verhelfen? Frieden und Gerechtigkeit sollen sich küssen, aber Kirche und Mission dürfen sich beißen. Was meine ich damit?

2. Warum beißen sich Kirche und Mission?

Eine allzu flotte und glatte Verbindung von Mission und Kirche halte ich sachlich für fragwürdig. Das Programm erinnert an ein Buch aus den 1920er Jahren. Otto Dibelius schrieb es als Berliner Generalsuperintendent. Es trug den eingängigen Titel:»Das Jahrhundert der Kirche«. Sein Kontext: Nach dem Ersten Weltkrieg war Deutschland demoralisiert und wurde drangsaliert von den Siegermächten. Dibelius sah in dieser Stunde der Not eine historische Gelegenheit für die Kirche. Ist sie nicht dazu auserkoren, die deutsche Nation moralisch wieder aufzubauen? Das *ist* doch ihre Mission als Volkskirche und dafür *hat* sie eine Volksmission. Ein Pakt wurde geschlossen. Dibelius dämmerte es erst 1934, dass er nicht dem Jahrhundert der Kirche, sondern dem 1000-jährigen Reich diente.

Die kurze Reminiszenz an die völkische Gefahr der Volkskirche soll die Problematik einer funktionalen Koppelung von Mission und Kirche beleuchten. So kommt es immer schief! Belege dafür gibt es zuhauf – auch aktuelle. Ich denke an die zwiespältige Rolle der orthodoxen Kirche im neuen Russland. Aber Kirche und Mission lassen sich auch anders ins Verhältnis setzen. Lassen Sie mich einen zweiten Klassiker zitieren. Im Jahre 1919 formulierte Karl Barth in seinem Tambacher Vortrag »Der Christ in der Gesellschaft« den vehementen Einspruch der dialektischen Theologie gegen alle Versuche, Gott für die Kirche zu instrumentalisieren. In seinen Augen liefen die Bemühungen der Gemeindebewegung, der Mission und der Diakonie auf den Versuch hinaus, die Gesellschaft zu verkirchlichen. Mit beißendem Spott kommentiert er das Programm:

> »Lasst uns eine neue Kirche errichten mit demokratischen Allüren und sozialistischem Einschlag! Lasst uns Gemeindehäuser bauen, Jugendpflege treiben, Diskussionsabende und musikalische Andachten veranstalten! Lasst uns heruntersteigen vom hohen Turm der Theologen und dafür die Laien hinauf auf die Kanzel! Lasst uns mit einer neuen Begeisterung den alten Weg gehen, der mit dem Liebespietismus der inneren Mission beginnt und mit tödlicher Sicherheit mit dem Liberalismus Naumanns endigen wird.«

Barths »Kirchenschelte« ist eigentlich Missionspolemik. Sie dient nicht dazu, ein neues Programm vorzustellen, sondern eine Kritik vorzutragen, die *jedes religiöse Handeln* radikal in Frage stellt. Es geht ihm um die Anerkennung von Gottes Handeln *im* (oder auch einmal *gegen* das) Handeln der Kirche. Am deutlichsten wird die Konsequenz des Ansatzes bei der Predigt. An der Versammlung der »Freunde der Christlichen Welt« auf der Elgersburg im Oktober 1922 führte Barth den Gedanken weiter und formuliert eine Kernthese:

> »Wir sollen missionieren. Wir sind aber Menschen und können nicht missionieren. Wir sollen Beides, unser Sollen und unser Nicht-können, wissen und eben damit Gott die Ehre geben.«

Das sagte Karl Barth nicht wörtlich so. Thema seiner Rede war das Wort Gottes. Aber sinngemäß gilt die Dialektik auch und gerade für die Mission. Denn – in Analogie zu *seinem Wort*: Gott ist das Subjekt und nicht das Objekt *seiner Mission*. Aus diesem Samen ist in den 1950er Jahren die »Missio Dei«-Theologie erwachsen. Man darf ihren Hintergrund nicht ausblenden: die katastrophale Instrumentalisierung und Verwicklung der kirchlichen Mission in den Nationalismus, Kolonialismus, Imperialismus, Kapitalismus und – last, but not least – den Klerikalismus ihrer Zeit.

3. Wir woll'n uns gerne wagen

Ich lasse es bei diesen Stichworten. Sie dienen uns als Warntafeln. Hinter den Stand der Diskussion sollten wir nicht zurückzufallen. Wenn wir meinen, wir könnten auf eine kirchenkritische Missionstheologie oder auf eine missionskritische Ekklesiologie verzichten, geriete das Comeback der Mission allzu schnell zum *backlash* für die Kirche. Ich möchte nun – auf der Grundlage der *Missio Dei*-Theologie – einen anderen Akzent setzen und den Schritt von der Dekonstruktion zur Rekonstruktion der Mission wagen. Ich bin überzeugt: *Wir sollen evangelisieren, können es aber nicht. Wir sollen beides wissen und es trotzdem wagen, in unseren Tagen, Gott die Ehre zu geben.* Sie hören die Begriffsverschiebung und die Anspielung. »Wir soll'n uns gerne wagen« ist ja auch ein Klassiker – gedichtet von einem Missionar par excellence:

> Wir wolln uns gerne wagen, in unsern Tagen/der Hektik abzusagen, die's Ruhn vergisst./Wir wolln nach Arbeit fragen, wo welche ist,/nicht an dem Amt verzagen, uns fröhlich plagen/und unsre Steine tragen aufs Baugerüst.

Das sagte Graf Ludwig Zinzendorf so nicht. Aber es trifft den Sinn des Gesagten. Denn der Graf hatte nicht die Absicht, die Kirche zu retten. Er wollte Jesus nachfolgen. Das »Sollen und Nicht-können« ist bei ihm das sanfte Joch, das Jesus seinen Weggefährten verspricht. Sie merken – ich bin rückwärts gesprungen: vom 21. ins 20. Jahrhundert, um nun über das 18. Jahrhundert bei Jesus zu landen. Ist das jetzt die Neuauflage des Liebespietismus, vor der Barth warnte?

Diesem Verdacht setzt man sich tatsächlich aus, wenn man bei der Jesusbewegung ansetzt. Von Jesus war in der [frühen] Wort-Gottes-Theologie erstaunlich wenig die Rede. Vielleicht ist das ihre große Schwäche. Jedenfalls ist der Sprung an den Anfang nötig, um das Bewegende der Mission zu erfassen. Dann stellen wir als Erstes fest: Am Anfang war die Mission, und dann kam die Kirche. Oder mit einem berühmten Wort des französischen Neutestamentlers Loisy: Jesus hat das Reich Gottes angekündigt, gekommen ist die Kirche. Jesus gründete keine Religion, er stiftete eine Bewegung. Er predigte und heilte, war Evangelist und nicht Priester. Und er war – nach eigenem Bekunden – ein Störenfried. Was aber am meisten beunruhigt, ist sein Evangelium, das im Markusevangelium mit lapidaren Sätzen eingeführt wird:

> »Als Jesus [wieder] nach Galiläa ging, verkündete er das Evangelium Got-

tes und sprach: Die Zeit ist erfüllt, das Reich Gottes ist nahe. Kehrt um, und glaubt an das Evangelium.«

Ist Mission die Zukunft der Kirche? Sagen wir es so: Wenn es so sich verhält, wäre auch und gerade die Kirche zur Umkehr gerufen. Ist sie dazu bereit? Wie kommt sie dazu? Die *Begrifflichkeit* ist aufschlussreich auch und gerade für die Kirche: Mission wird hier *als Evangelium* qualifiziert. Wir haben uns so sehr daran gewöhnt, dass wir die Revolte nicht mehr hören. Evangelium ist ein politisch höchst brisanter Begriff. Er meint die gute Botschaft (Griech. *eu-angelion*), die vom Kaiser ausging oder sich auf ihn bezog. Man gratuliert zum Geburtstag oder kündigt die Thronbesteigung an. Evangelium heißt eigentlich »Happy birthday Cäsar!« – oder ähnlich – aber hier wird es von Jesus gesagt. Und das ist ein Skandal!

ER ist Sohn Gottes – ein Titel, der in römischer Zeit unter den Menschen nur dem Gottgleichen in Rom zukommt. ER ist der Gesalbte Israels. Auch Jerusalem ist gefordert. Denn die frohe Botschaft verkündet, dass ER es ist, der kommen soll, um die Weltherrschaft anzutreten und den Thron zu besteigen – so wie es Jesaia verheißen hat. ER ist der neue König, der Heiland und Erlöser: Die Armen werden zu seinem Evangelisten, die Sünder frohlocken, Blinde werden sehen, Taube hören und Lahme wieder gehen.

Das *Evangelium von Jesus* signalisiert den Anbruch einer neuen Zeit und *Jesu Evangelisation* hilft ihr zum Durchbruch. Diese Ankündigung und Verkündigung ist seine Mission. Sie konzentriert die biblische Heils- und Frohbotschaft in seiner Person. Es ist sein Ruf – eine mündliche und vor allem subversive Propaganda. Ein gefährliches Gerücht, das ihm das Leben kostet. Der Kaiser ist nackt – Gott ist unser König! Das Evangelium wird so zum Symbol des Aufstands und Widerstands, zum Kennwort für die Bürgerschaft des Himmelreichs. Jedes Imperium hat eine Mission, aber nicht jede Mission ist Evangelisation. Aus dem Verkündiger wird der Verkündigte – aus dem Evangelisten wird Evangelium. Er ist gekommen – er wird wieder kommen. Das ist das erste und grundlegende Paradigma der christlichen Mission.

4. Evangelium geht weiter

Evangelium ist ein Ruf, der weitergeht, sich verbreitet und Menschen in Bewegung setzt. Also ist es klar: Wir *sollen* evangelisieren, weil wir evangelisieren *wollen. Go tell it on the mountain!* Denn das Evangelium ist Aufruf und kein

Befehl, Einladung zum Gastmahl und keine Gerichtsvorladung, Freispruch und nicht Urteil. Evangelisation ist die von der Freude bewegte evangelisch bewegte Mission. Auch Kommunisten, Atheisten, Veganer und BMW-Verkäufer missionieren. Erst das Evangelium macht die Mission christlich. Also gilt: kein Evangelium ohne Evangelisierung. Jesus evangelisiert, indem er Menschen zu Evangelisten macht. Er sammelt und sendet. Es ist der Anfang der Reich-Gottes-Revolution – der Revolution vor allen Revolutionen. Sie beginnt in der galiläischen Provinz mit ein paar Fischern. So lesen wir es auch bei Markus (Mk. 1,16–20).

> Und als er den See von Galiläa entlangging, sah er Simon und Andreas, den Bruder des Simon, auf dem See die Netze auswerfen; sie waren nämlich Fischer. Und Jesus sagte zu ihnen: Kommt, mir nach! Ich werde euch zu Menschenfischern machen. Und sogleich ließen sie die Netze liegen und folgten ihm.

Jesus improvisiert. »Menschenfischer« ist eigentlich ein grausiges Bild. Die Fischer verstehen, was er meint. Jesus spricht milieusensibel. Später findet er andere Sprachbilder für Hirten, Tagelöhner, Zöllner, Frauen, Kinder, Pharisäer, Samaritaner, römische Soldaten. Und für diejenigen, die schwer von Begriff sind, geschehen Wunder und Zeichen.

Die Geschichte nimmt ihren Gang. Jesus kommt mit seinen Menschenfischern dem Zentrum der religiösen und politischen Macht immer näher. Es ist ein Haifischbecken. Immer deutlicher tritt zutage, dass seine Bewegung das Volk spaltet. Sie löst Angst aus. Das Gerücht ist bedrohlich für diejenigen, die etwas verlieren könnten, und eine letzte Hoffnung für diejenigen, die nichts mehr zu verlieren haben. Kein Wunder, geschehen ausgelöst durch das Evangelium wundersame Dinge. Jesus verstört seine Hörer mit Heilungen und mit eigensinnigen Bildreden. Er stößt auf Unverständnis. Kein Wunder: Er provoziert es ja. Was sollen die Reichen denken, wenn er die Armen seligpreist, und wie niederschmetternd muss es für die Hochwohlgeborenen klingen, wenn Jesus die Niedrigen hochleben lässt? Die Geretteten hauen auf die Pauken, und die Armen verkünden das Evangelium. Die Zukurzgekommenen dürfen sich freuen, und diejenigen, die am längeren Hebel sitzen, ziehen den Kürzeren. Darum scheitert der Superevangelist Jesus. *Er soll allen Gottes Wort verkünden. Er ist ein Mensch und kann es nicht. Er weiß, dass er es soll, und er versagt. Er stirbt, und Gott rettet seine Ehre, und er rettet Gottes Ehre, als er ihn von den Toten auferweckt.*

Es ist die Neuauflage einer alten Geschichte. Die Exodus- und Wüstenerzählungen berichten von einem Volk, das sich – kaum in der Freiheit – nach der Sicherheit der Gefangenschaft zurücksehnt. Israel entwickelt im Nachhinein ein Stockholm-Syndrom und will zu seinen Peinigern zurück: zu den Fleischtöpfen Ägyptens. Das Evangelium kommt auf seinen Höhepunkt, wo der Exodus endet – »in der Nacht, in der Jesus verraten wird«. Das Engagement Jesu revolutioniert die Befreiung. Am Ende hat Gott die Welt mit sich versöhnt. Die Befreiungsbotschaften der Bibel haben für religiöse Sicherheitsfanatiker einen bedrohlichen Drive. Sie sind viel zu progressiv. Sie wecken nicht nur gefährliche Erinnerungen, sie provozieren das Ende der Religion: Gott ist die Liebe – wo kämen wir denn hin?

Das ist das zweite grundlegende Paradigma der christlichen Mission: die Einladung, sich mit Gott zu versöhnen. Kein Wunder, setzen Machthaber – auch die religiösen, ja selbst die christlichen – alle Hebel in Bewegung, um das Gerücht zu ersticken. Aber die Evangelisation ist nicht mehr zu stoppen. Sie ist nicht totzukriegen. Von Mund zu Mund geht die gute Mär. Der Ruf erschallt in den Slums von Korinth, in den Katakomben Roms, ergeht von den äußersten Provinzen des Imperiums bis ans Ende der Welt. Der römische Kaiser ist tot; es lebe der sanfte König. Die Welt dreht sich um eine andere Achse. Nicht Rom. Nicht Konstantinopel. Nicht Moskau, Berlin, Washington und auch nicht Basel. Aber ihre Mitte ist verborgen. Das Evangelium qualifiziert die Mission, das Kreuz unterbricht die Erfolgsgeschichte. Das kommende Königreich ist wie eine Verschwörung am Rand oder ein hartnäckiger Reich-Gottes-Virus im Betriebssystem der Welt.

5. Fish expression of church

Vielleicht würde Jesus heute sagen: »Ich mache Euch zu Hackern.« Die Netze in Galiläa waren einfacher gestrickt als das World Wide Web. Damals sagte er: Ihr sollt Menschenfischer werden. Das ist ein schönes Bild – Hobbyfischern schlägt das Herz höher. Sie riechen das Wasser, spüren die Sonne auf der Haut, spüren die Freude der vollen Netze. Das schöne Bild hat einen gewissen Gustav Adolf Friedrich Sickel dazu animiert, eine Halieutik zu verfassen. Sickel ist 1799 geboren und 1867 gestorben. Er hat auch folgenden Titel verfasst: Gemeinnützliche Kenntnisse oder der Mensch nach seiner körperlichen und geistigen Beschaffenheit, seinen Bedürfnissen, Vergnügungen, Staats- und Religionsverhältnissen. Ein Lehrbuch für höhere Töchterschulen und zur Selbstbelehrung. Es illustriert

Sickels Flair für Pädagogik. Es zeigt sich auch in seiner Halieutik. Das Wort leitete sich ab aus *haliein* = fischen und meint wörtlich eine Lehre des Fischens oder im übertragenen Sinn: Evangelisationskunde. Geschrieben wurde es 1823 – vor zweihundert Jahren also, in einer Zeit, in der das Christentum in einer tiefen Krise steckte. Sickel meinte, es liege daran, dass die Dogmatiker es nicht fertigbrächten, die jungen Theologen darüber zu unterrichten, wie man Menschen vom Reich Gottes überzeugen könne. Seine Halieutik lehrt, den Hörer durch die Predigt zu erleuchten, zu beruhigen und zu heiligen.

Geblieben ist von seiner Lehre nur der seltsame Name – eine Fußnote in den Geschichtsbüchern der Theologie. Durchgesetzt hat er sich nicht. Andere waren genauso erfolglos. Ein gewisser Herr Stier hat eine Keryktik entworfen – abgeleitet von Keryx/Kerygma eine Lehre des Rufens. Auch Märtyrik (Lehre des Bezeugens) wurde vorgeschlagen. Siegreich war die Homiletik. Dieser Begriff ist bis heute der Name der Disziplin und meint Lehre der Unterredung oder Predigtlehre. Das *tik* und *ik* ist auffällig. Vor rund zweihundert Jahren wurden auch andere theologische Disziplinen der Praktischen Theologie gräzisiert: Die Hirtenkunde oder Seelsorge wurde zur Poimenik, die Lehre des Gottesdienstes zur Liturgik, die Lehre der Erziehung zur Pädagogik – und die Lehre des Dienens zur Diakonik. Das »*iksi*« ist Ausdruck der Zeit. Man bekommt einen regelrechten Schluckauf. Es ist die Geburtsstunde der Wissenschaftskonstruktionen. Man wollte die Ernsthaftigkeit des Ansinnens unter Beweis stellen.

Halieutik beruht also auf dem schönen Bild von den Menschenfischern. Aber ich werde jetzt den Metapher-Hammer schwingen und das Bild zertrümmern. Dasselbe lässt sich übrigens auch mit der Hirtenmetapher anstellen. Der Herr ist mein Hirte, aber ich bin kein Schaf. Die Demontage der Fischer erfolgt wie die des Hirten nicht in destruktiver Absicht, sondern mit einem dekonstruierenden Interesse. Was ich zeigen möchte: Wenn man Bildworte wörtlich nimmt, werden sie störrisch. Sie sterben. Das gilt auch für die Menschenfischerei. Das Fischbild stinkt vom Kopf, wenn man es allegorisch auslegt. Gehen wir in die Fischabteilung und fragen nach Lachs. Es gibt zweierlei: Wildlachs und Zuchtlachs. Ich bevorzuge den Wildfang. Ich weiß nämlich, dass der Zuchtlachs fett ist und die meisten Fische an Hautkrankheiten leiden. Außerdem bekommen sie Fischmehl zu essen, aus Fisch, der aus dem Wildfang stammt, was ökologisch nicht sinnvoll ist.

Sie merken: Aus den alten Bildbruchstücken wird ein neues Gleichnis – für eine Kirche, die den Wildfang Jesu gezähmt hat und Christen züchtet, indem sie Christushäppchen als Fischmehl verfüttert. In der kirchlichen Zuchtanstalt ist

Nachfolge nicht gefragt. Vielleicht geht das Fischerbild baden, aber ganz aus der Luft gegriffen ist mein »*fish expression of church*« sicher nicht. Ist es ein Zufall, dass beinahe zeitgleich mit Sickels Halieutik die Basler Mission gegründet wurde? Gibt es Parallelen zwischen dem Versuch, die evangelistische Rede wissenschaftlich zu erfassen, und dem Ziel, die Wilden Afrikas zu bekehren? Man unterschied die innere und äußere Mission. Das entsprach dem Weltbild. Mit einer unbekannten – wilden – Peripherie und einem bekannten Zentrum, in dem auch nicht alles zum Besten stand. Und entsprechend gab es im 19. Jahrhundert ja auch die Ära der Mission mit den diakonischen Anstalten, die sich um die armen Teufel kümmerten. Und als die Not der Massen immer größer wurde und die sogenannte soziale Frage die Gemüter bewegte, schlug die Stunde der Volksmission.

Ich mache mich gewiss grober Vereinfachungen schuldig. Aber wenn das 20. Jahrhundert das gescheiterte »Jahrhundert der Kirche« war, so kann man das 19. Jahrhundert als gescheitertes »Jahrhundert der Mission« begreifen. Barths Polemik trifft es ziemlich genau: »Lasst uns Gemeindehäuser bauen, Jugendpflege treiben, Diskussionsabende und musikalische Andachten veranstalten! … Lasst uns mit einer neuen Begeisterung den alten Weg gehen, der mit dem Liebespietismus der inneren Mission beginnt und mit tödlicher Sicherheit mit dem Liberalismus Naumanns endigen wird.« Barth sollte Recht haben. So kam es. Das Kirchgemeindehaus ist die erfolgreichste Erfindung und Erneuerung der Volksmission geworden. Es ist sinnbildlich zum Netz geworden – anders als Sickel es sich vorstellte. In Deutschland wurde Emil Sulze zum Pionier der sogenannten Gemeindebewegung. Es waren bezeichnenderweise die Modernen und die Sozialen, die sich für ein geselliges und vereinsmäßig organisiertes Gemeindechristentum einsetzten. In Zürich war das Kirchgemeindehaus das erste Hochhaus der Stadt.

6. Das Missverständnis der Kirche

Sie merken: Wir nähern uns mit Anlauf bei Jesus wieder der Gegenwart. Das Erinnern, Wiederholen und Durcharbeiten der Geschichte der kirchlichen Mission ist nötig, um die Entstehung neuer Paradigmen zu verstehen. Barths kritische Distanz zur Volksmission und das unterkühlte Verhältnis zur volkskirchlichen Gemeinde übertrug sich auf die Missionstheologie. Man interessierte sich nach dem Zweiten Weltkrieg kaum für den Gemeindeaufbau und war stärker beseelt vom Gedanken der Wiedergutmachung kolonialer Kollateralschäden. Mein Schwiegervater Hermann Herzog studierte in diesem Haus Theologie – mit dem Ziel, in die Mission zu gehen. Sein Ziel war China. Mao machte den Plänen einen Strich durch die Rechnung. Er ging nach Nyassoso. Im Gepäck hatte er Barths Theologie, einen Gott, der in die Welt sendet, und als Gegengift gegen Klerikalismus, Imperialismus und Kapitalismus einen handfesten Pazifismus, Sozialismus und Ökumenismus. Als er nach 17 Jahren nach Hause kam, wurde er OeME-Pfarrer. Er predigte gegen die Ungerechtigkeit und warb für mehr Solidarität. Die Unabhängigkeit Kameruns, das Konzil für Gerechtigkeit, Frieden und Bewahrung der Schöpfung und die Abschaffung der Apartheid in Südafrika waren die Höhepunkt seiner Mission an der Heimfront.

Das ist paradigmatisch die Entwicklungslinie der äußeren Mission. Sie findet aus einem parentalistischen Monolog zu einem partnerschaftlichen Dialog. Es wäre nicht ohne Reiz, einen Vergleich mit der Entwicklungslinie der inneren Mission zu machen – ich beschränke mich auf das dritte Paradigma: das der Volksmission. Ein wichtige Figur und geistiger Förderer und Entwickler war Emil Brunner. Schauen wir noch einmal zurück. Sie werden sehen: Die Rückschau steht unter dem Titel »*back to the future*«.

1934 hielt Brunner im Kantonal-Zürcherischen Pfarrverein. Es war ein dramatisches Jahr. Aber nicht die bevorstehende Synode in Barmen beschäftigte den Zürcher Systematiker. Die Protestanten und insbesondere die Reformierten hätten vergessen, was eigentlich Kirche sei, so Brunners provokative Grundthese. Beeindruckt von der Frömmigkeit der Gruppenbewegung war er zur Überzeugung gekommen, dass die Volkskirche auf einem fundamentalen Missverständnis beruhe. Was er später »das Missverständnis der Kirche« nannte, ist hier schon angelegt.

Kirche sei im Kern *communio sanctorum* – eine wirkliche Lebensgemeinschaft im Heiligen Geist und keine platonische Idee. Sie nimmt »den ganzen Menschen mit Leib und Seele in Anspruch«. Die Lehre von der unsichtbaren Kirche sei eine »List des Teufels«. Diejenigen, die nicht glauben, sehen die wirkliche Kirche tatsächlich nicht. Sie sehen in ihr ‚nur' eine Religionsgemeinschaft. Das sei zwar korrekt! Das eigentliche Problem der Kirche sei die Konfusion, die entstehe, wenn Innen- und Außensicht vermengt werden, wenn also alle, die Mitglieder der Organisation sind, zu Gliedern der Kirche Christi gezählt werden. Brunner ist an diesem Punkt dezidiert: Nur wer sagen kann, er oder sie gehöre zu Christus, kann auch der Kirche angehören. Wird Zugehörigkeit zur Kirche mit der Zugehörigkeit zu Christus gleichgesetzt, entstehe eine »Scheinkirche«. Die habe mit der Evangelisation nichts am Hut. Im Gegenteil: Mission und Scheinkirche beißen sich nicht nur – sie fressen sich gegenseitig. Ist die Bekenntniskirche die Lösung? Soll man Schafe und Böcke scheiden?

Brunner verneint. Sowohl die pietistische Lösung der *ecclesiola in ecclesia* als auch der puritanische Versuch, eine Einheit von Bekenntnis- und Volkskirche durch rigide Kirchenzucht durchzusetzen, seien gescheitert. Bei Brunner begegnet die bekannte Dialektik von Sollen und Nicht-können ekklesiologisch reformuliert.

> Die Kirche solle doch nach dem ganzen Volk greifen – ohne dass doch das so umgriffene Volk deswegen Kirche ist; und sie soll die, die sich ihres Glaubens an Christus bewusst sind, sammeln, ohne dass doch diese Sammlung als solche die Kirche wäre.

Das erinnert an ein anderes Fischgleichnis. Jesus verglich »das Königreich der Himmel« mit einem Schleppnetz und die verschiedenen Fischarten mit guten oder schlechten Menschen (Mat. 13:47–50). Man kann das Bedrohliche darin hören: Die Netze der Mission fangen auch Fische, die einmal weggeworfen werden. Ich denke, es geht hier darum, eine eschatologische Kernschmelze zu verhindern. Die Sammlung fällt nicht mit der Scheidung zusammen – und dort, wo Mission so tut, ist sie nicht mehr Evangelisation.

7. Brunners Vision einer Missionskirche

Daraus folgt: Die *communio sanctorum* ist immer auch die *communio peccatorum* – ein *corpus permixtum*. Das ist theologisch korrekt – und ein Dilemma der Großkirche. Brunner will es nicht dabei bewenden lassen. Denn wir leben nicht mehr im Mittelalter, sondern in einer vollkommen säkularisierten Gesellschaft, die diese Unterscheidungen gar nicht verstehen kann – wir reden deshalb auch von einer inneren Säkularisierung der Kirche, der man mit richtiger Theologie allein nicht begegnen könne. Das spielt natürlich auf den Weggefährten Karl Barth an, der partout nicht begreifen wollte, dass es mit der rechten Predigt allein nicht getan ist. Die Reform der Theologie, meint Brunner, müsse darum zu einer Reform der Kirchen führen. »Die Kirche kann es sich nicht leisten, bloß die Glocken zu läuten und zu warten, bis die Menschen zu ihr kommen.« Lehre und

Leben gehören zusammen. Für Brunner hieß das schlicht und einfach: Kirche muss Missionskirche werden oder sie ist nicht Kirche. Sie soll missionieren, nicht um die Scheinkirche zu bewahren – bewahre! –, sondern um wieder wirklich Kirche – sprich Gemeinde – zu werden. Denn das ist der Zweck der Institution. Dafür ist sie da, aber für diese Aufgabe ist sie noch nicht bereit.

> Voraussetzung dafür wäre, dass sie erkennt, ... dass ihre ganze Einrichtung, ihre Ämterordnung, ihre organisatorische Struktur, die Ausbildung ihrer Diener, die Gestaltung ihrer Verkündigung usw. aus einer Zeit stammt, die diesen Dienst [scil. der Mission] eben nicht kannte.

Propagiert Brunner das Ende der Volkskirche? Ja und Nein. Sein Ansatz inspirierte in den 1980er Jahren die Gemeindeaufbau-Bewegung. Das geschah schon zu Lebzeiten Brunners. Vor allem Freikirchen und die Evangelikalen begrüßten Brunners starkes Votum für die Mission. Vielleicht muss man von einem Missverständnis des Missverständnisses reden. Denn Brunner war kein Liebespietist – was ihm vorschwebte, war radikaler als der volkskirchliche Gemeindeaufbau. Er kann durchaus als Pionier einer Art »mixed economy« gelten. Er ist sich nämlich sehr wohl bewusst, dass sich die Grenzen nicht scharf ziehen lassen: weder die Grenze zwischen Christen und Heiden noch diejenige zwischen den beiden Aufgaben der Gemeindearbeit: der Parochie und der Gemeindegründung. »Aber die Unmöglichkeit, die Grenze scharf zu ziehen, ist nicht gleichbedeutend mit dem Nichtvorhandensein der Verschiedenheit.«

Brunner war überzeugt: Die Missionskirche muss neue Gemeinden gründen. Brunner sagt nicht »river« und »lake« – aber er spricht davon, dass die neuen Gemeinden mehr »mobile Stiftshütte« als »stabiler Tempel« sein werden, weil die klassische Botschaft der Kirche nicht mehr verstanden wird. Es fehlen die Voraussetzungen dafür. Weder auf ein Bekenntnis noch auf Schriftautorität noch auf die Liturgie kann sich diese Mission berufen. Verkündigung im Rahmen einer »Pfarrerkirche« wäre in solchen Missionsgemeinden »undenkbar«. Die Missionskirche müsse darum die Laien mobilisieren, das Priestertum aller Gläubigen beleben, intensive und begleitende Seelsorge anbieten und Mitarbeiter – Pioniere – ausbilden, die persönlich, frei und verständlich vom Glauben reden können. Brunner will weder Predigt noch Sakrament für die Mission. Beides gehört dorthin, »wo bereits Gemeinde ist, nicht dort, wo sie erst werden soll oder wird«.

8. Mixed economy of mission

Brunners Vision einer Missionskirche katapultiert uns in die Gegenwart. Die englischen Brocken sollten es verdeutlichen. Ich denke denn auch, dass man das Emergent Church Movement (ECM) als Ganzes und das Freshex-Movement (fxC) im Speziellen als eine inspirierende Erneuerung würdigen muss, die ein neues Verhältnis von Kirche und Mission mit Biss versuchen. Marti und Ganiel, zwei Soziologen, prognostizieren in ihrer Untersuchung, dass Emergent Church Zukunft hat:

> »The patterns of religious individualism, the formation of pluralist congregations, the allowance for multiple forms of legitimate spirituality, and the desire to strategically construct a personal faith that is valid and even strengthened by life lived in the real world will be ubiquitous elements of modern religiosity.«

Der Titel ihrer Studie ist bezeichnend: »Deconstructed Church«. Es ist die provozierende Antwort des ECM auf die Frage, was man gegen den Schwund der Kirchlichkeit tun kann. Man verschärft sie. Das heißt: Die dekonstruierte Kirche verlangt nach einer dekonstruierten Mission. Sie bedingen sich. Anders ausgedrückt: Konstruktive Missionstheologie entlarvt schlechte Ekklesiologie, und eine konstruktive Ekklesiologie dekonstruiert imperiale Mission.

Dieses gegenseitige Befragen hat in Europa gerade erst begonnen. Man sieht es daran, dass wir heute Fragen stellen, die wir vor 20 Jahren nicht gestellt hätten. Wir fragen: Welche Gemeindeformen haben Zukunft? Und sind bereit, die Parochie als allein selig machendes Organisationsprinzip zu hinterfragen. Wir fragen: Wie können die Kirchen, die territorial strukturiert sind, Evangelium in Lebenswelten kommunizieren, die mobil sind? Und sind bereit, darüber nachzudenken, wie die tendenzielle Milieuverengung der Kirchgemeinde überwunden werden kann. Wir fragen: Wo stehen wir heute in Europa? In der Spätzeit der Volkskirche oder am Nullpunkt einer neuen Ära? Wir sind bereit, dem Entweder-oder der Theoriefischer zu misstrauen. Der Fang, den uns ihre Netze aus den Tiefen der Lebenswelten liefern, ist zu vielfältig.

Ich versuche ein Fazit der Überlegungen in Thesen:

- Wir brauchen eine *mixed economy* der Gemeindeformen – aber wir sollten die Formel nicht überstrapazieren. Sie offeriert weder missions- noch gemeindetheologisch eindeutige Leitlinien. Sie ist eine pragmatische und vernünftige Antwort auf die Ausdifferenzierung der Lebenswelten und ein Votum für kontextsensible Gemeindegründungen.

- Die *mixed economy* ist im Prinzip ein *kirchlich gerahmter Pluralismus* auf der Grundlage, dass jede Gemeinde nach ihrer Fasson Kirche sein soll. Sie propagiert die Komplementarität unterschiedlicher Sozialgestalten des christlichen Glaubens, die unterschiedlichen missionarischen Paradigmen folgen.
- Für die postmoderne Multioptionsgesellschaft ist das nötig, aber nicht hinreichend. Wir laborieren immer noch an einer *church-shaped mission* herum und sind vom Ziel einer *mission-shaped church* noch entfernt. Wir brauchen eine *missionstheologisch fundierte Ekklesiologie*. Der Weg dorthin führt über schmerzhafte (aber auch lustvolle) Dekonstruktion der kirchlichen Mission und Rekonstruktion der evangelischen Revolution.
- Eine *missionstheologisch fundierte Ekklesiologie* orientiert sich an der Bibel und wagt sich in den Kontext der Lebenswelt hinein. Sie versteht sich als »Licht auf dem Weg« (Ps. 119) im Dschungel der Lebenswelten und sieht die Spannung von Institution und Bewegung nicht als Gefahr, sondern als Chance für eine tief greifende Reform der Organisation.
- Denn immer deutlicher wird, dass die europäischen Kirchen dort stehen, wo die äußere Mission vor zweihundert Jahren stand: Vor der Aufgabe, die Kulturen der Menschen, die nicht kirchlich sozialisiert sind, als Resonanzraum für den Ruf des Evangeliums zu respektieren. Es ist höchste Zeit, dass die pastoral fixierte Praktische Theologie den Dialog mit der kritischen Missionswissenschaft intensiviert.
- Die Evangelisation der Kirche kann nur dann glaubhaft und glaubwürdig sein, wenn die Evangelisten bereit sind, die eigene *Schuldgeschichte zu erinnern, zu wiederholen und produktiv aufzuarbeiten*. Das ist schmerzhaft und braucht Geduld. Aber Missions- und Kirchengeschichte treibt man nicht im Modus einer Kurzzeittherapie.
- Mission ist wie der Fluss, der zum See fließt. Das Charisma des Evangeliums hat ein natürliches Gefälle. Auch die Bewegung institutionalisiert sich und wird organisiert. Es wäre ein Missverständnis der Mission, wenn sie sich dagegen nur auflehnen würde – es ist das Missverständnis der Kirche, das Flüssigwerden des Glaubens nur als Bedrohung ihrer Auflösung zu sehen. Mit der Wahrnehmung des Scheiterns wachsen die Achtung für das Gelungene und der Mut, es neu zu wagen.

- Denn das Scheitern der (menschlichen) Mission ist keine Katastrophe – es ist die Bedingung der Möglichkeit der Evangelisation. Gott selbst durchkreuzt den Traum des religiösen Imperiums. Jesus, der Evangelist, soll das Reich wiederherstellen und kann es noch nicht (Ag. 1,1–11). Bis er kommt, um *sein Werk* zu vollenden, hören wir den Ruf: »Ihr werdet die Kraft des Heiligen Geistes empfangen und werdet meine Zeugen sein.« Daran können wir uns halten und *Gott die Ehre* geben.

9. Das Gleichnis von den schnappenden Fischen

Zum Schluss noch ein Gleichnis. Es stammt aus einem rabbinischen Midrasch zu Gen. 43 und soll diejenigen versöhnen, die mir noch nicht verziehen haben, dass ich das Menschenfischerbild problematisiert habe. Es geht so: Fische schwimmen im Wasser. Sie vergessen das Element, in dem sie leben. Wenn sie aber nach einem Tropfen Wasser schnappen, der von oben kommt, realisieren sie: Wasser ist das Lebenselixier. Für die Rabbinen ist es ein Gleichnis für die Erfahrung der mündlichen Thora. Israel lebt, getragen und geborgen von den Geboten Gottes – wie Fische im Wasser. Wenn eine neue Auslegung kommt, sind sie begierig, es zu erfahren.

Was mir daran gefällt: Das Gleichnis lädt ein, Mission durchs Fischauge zu sehen und Menschen als Fische zu sehen, die gierig nach Wasser schnappen – auch und gerade, weil sie darin leben. Das ist kein Votum für einen halieutischen Anknüpfungspunkt, sondern eines für homiletische Verknüpfung. Eine Auslegung des Evangeliums, die sendet, lässt die Welt neu sehen. Wir leben »von guten Mächten wunderbar geborgen« – bis uns sein Ruf erreicht und wir merken: *Wir sollen es einander weitersagen. Es ist unsere Aufgabe, zu der wir aber Nein sagen können.* Vielleicht geht es uns dann wie dem Missionar, der nicht will, aber soll und am Ende – über einen kleinen Umweg: durch den Bauch eines Fisches, der flüchtige Missionare schnappt und wieder ausspuckt – dann doch kann.

(Prof. Dr. Ralph Kunz ist Professor für Praktische Theologie an der Universität Zürich)

ABSTRACT

Since the millennium, the word »mission« has enjoyed an unexpected comeback in European churches, in the context of the dramatic decrease in membership of national churches. However, European discussion of missions cannot be reduced to the preservation of existing churches. The claim that the future of older national churches lies in missions is one reason to ask: how mission-based should the Church be and how church-based should missions be? What kinds of congregations have a future? How can the Church communicate the Gospel in various settings? What missionary paradigms have potential for the Church? An attempt to correlate missions and the Church cannot be done without a reminder of recent history. The journey towards an *ecclesiology founded on mission theology* leads through the deconstruction of church missions and the reconstruction of the evangelical revolution.

Die Geschichte der christlichen Mission neu gedeutet – eine afrikanische Sicht

Cephas Omenyo

Einführung

Die Presbyterianische Kirche von Ghana (Presbyterian Church of Ghana, im Folgenden PCG) als direkte Nachfolgerin der Basler Missionsgesellschaft (im Folgenden BM) der damaligen Goldküste (im Folgenden Ghana) geht bei der Spurensuche nach ihren Wurzeln sehr präzise vor. Die einleitende Erklärung des fünften Anhangs der Kirchenordnung lautet:

> Die Presbyterianische Kirche von Ghana ist aus drei großen Missionsbewegungen hervorgegangen, nämlich aus der Evangelischen Missionsgesellschaft in Basel (allgemein bekannt als Basler Mission), Schweiz, aus der Herrnhuter Brüdergemeine (Moravian Church) in Jamaika (Karibik) und der Vereinigten Freikirche von Schottland (United Free Church of Scotland).[1]

Die PCG versteht sich somit als Nachkomme von drei individuellen, ausländischen Missionsgesellschaften auf ghanaischem Boden. An anderer Stelle in der Kirchenordnung würdigt die Kirche ihre Herkunft aus diesen drei wichtigen Gemeinschaften wie folgt:

> Wir danken der Basler und Schottischen Mission herzlich für ihren unschätzbaren Beitrag für die Presbyterianische Kirche von Ghana. Das dreifache Erbe der Kirche wird durch das Kirchenlogo symbolisiert: Das Schweizer Kreuz (weiß auf rotem Grund) steht für die Basler Mission. Das weiße Sankt-Andreas-Kreuz auf blauem Grund repräsentiert die Scottish Mission, und die Palme in der Mitte des Schweizer Kreuzes zeigt den afrikanischen Einfluss.[2]

---

[1] Fünfter Anhang, Presbyterian Church of Ghana – Kirchenordnung, Accra 2000, 129.

In ihrer späteren Anerkennung der Herrnhuter Brüdergemeine (Moravian Church, Jamaika, Karibik) als Missionsinstanz klassifiziert die PCG diese als Teil der BM, die als Mission die Herrnhuter Brüdergemeine gewonnen hat.

Mit der Würdigung aller vier wichtigen Akteure, die zu unterschiedlichen Zeiten ihren Beitrag zur Gründung der Kirche leisteten, bestätigt die PCG klar, dass Mission ein Gemeinschaftswerk zahlreicher Mitwirkender ist. Zur Erfüllung des Missionsauftrages müssen sie alle zusammenarbeiten. Um diese Tatsache zu untermauern, wählte die PCG das Gebet Jesu für die Kirche »*Auf das alle eins seien*«[3] als Leitspruch. Eine solche Perspektive missionarischer Geschichtsschreibung ist die geeignetste Art und Weise, Missionsgeschichte richtig zu verstehen, weil sie alle Mitwirkenden respektiert und sie ohne Ausgrenzung gleichermaßen anerkennt. Diese Perspektive stimmt auch mit Paulus überein, wenn er schreibt: »Ich habe gepflanzt, Apollos hat begossen, aber Gott hat das Gedeihen gegeben.«[4] Eine Auslegung dieses paulinischen Textes zeigt, dass bei allem menschlichen Handeln letztlich Gott für Gründung und Wachstum der christlichen Gemeinde zur gegebenen Zeit verantwortlich ist.

Im Gegensatz zum Geschichtsforschungsansatz der PCG wurden die afrikanische Kirchengeschichte und das Verständnis der christlichen Mission in Afrika traditionell von dem fatalen Irrglauben geprägt, dass die westlichen Missionare durchwegs die führenden Akteure bei der christlichen Mission und die einheimisch-afrikanischen Christen die passiven Empfänger gewesen seien. Diese Haltung gegenüber der afrikanischen Kirchengeschichte steht im Einklang mit dem langjährigen Afro-Pessimismus und seiner Annahme, dass »vom afrikanischen Kontinent nichts Gutes kommen könne«. Dessen christliche Variante drückte sich im 19. Jahrhundert in Form einer Triumphhaltung christlicher Missionare gegenüber Afrika aus.[5] Diese eurozentristische Einstellung betrachtete die Missionsgeschichte aus der Perspektive, dass das traditionelle Afrika dem Prozess der Evangelisation nichts zu bieten hatte, und war bar »jeder Vorbereitung auf das Christentum« oder jedes Erlösungspotentials.[6] Dies öffnete einem starken, westlichen Überlegenheitsdenken Tür und Tor, welches das Ziel des Einweg-Exportes west-

---

[2] A. a. O. 133. Tafel 1 – Logo der Presbyterian Church of Ghana.
[3] Joh. 17,21 (englische Bibel).
[4] 1. Kor. 3:6 (NIV).
[5] Siehe z. B. Samuel Huntington, Der Kampf der Kulturen?, in: Foreign Affairs 72/3 (1993), 23–49.
[6] W. H. T. Gairdner, Edinburgh 1910: An Account and Interpretation of the World Missionary Conference, London 1910, 24; Kwame Bediako, Theology and Identity: The Impact of Culture Upon Christian Thought in the Second Century and Modern Africa, Oxford 1992, 230–233.

lichen Wissens und westlicher Kultur verfolgte. Intellektuelle waren der Ansicht, dass Afrika als Tabula rasa[7] folglich nur eine große Dosis europäischer Aufklärungskultur schlucken musste, die westliche Missionare im Gepäck mitbrachten.

Diese Bewertung der christlichen Geschichte Afrikas bewirkte, dass die besten afrikanischen Missionare nicht etwa als »Partner bei der Missionsarbeit«, sondern als »Missionsgehilfen« eingestuft wurden, und zwar ungeachtet ihres theologischen Ausbildungsniveaus. Eine Hauptkonsequenz aus dieser Sicht der afrikanischen Kirchengeschichtsschreibung ist der von afrikanischen und europäischen Beobachtern erweckte falsche Eindruck, dass den Afrikanern das Christentum eingetrichtert wurde.

Das Gegenteil ist der Fall, wie Andrew F. Walls in seinem Kommentar zum Monumentalwerk von Kenneth Scott Latourette *A History of the Expansion of Christianity* (Geschichte der Ausbreitung des Christentums) argumentiert:

> »Seit seinem [Latourettes] Wirken wurden die mündlich wie schriftlich überlieferten Hauptquellen grundlegend erforscht; neue Perspektiven wurden aufgegriffen, nach denen Afrikaner, Asiaten und Lateinamerikaner als Hauptakteure das Christentum verbreiten.«[8]

Er führt weiter aus:

> »Das moderne afrikanische Christentum ist nicht nur das Ergebnis von Bewegungen und Entwicklungen unter Afrikanern, sondern wurde hauptsächlich von Afrikanern getragen und ist überraschend deutlich das Ergebnis afrikanischer Initiativen.«[9]

Ogbu Kalu bestätigt diese Beobachtung:

> »Die Geschichte des Christentums in Afrika besteht nicht nur darin, was Missionare taten oder nicht taten, sondern auch darin, wie Afrikaner darüber dachten, was passierte, und wie sie darauf reagierten.«[10]

Ferner legt er dar, dass die Missionsgeschichtsschreibung, die sich auf Berichte von Missionaren und deren Schützlingen stützt, oftmals hagiografisch, trium-

---

[7] Tabula rasa war die Missionsdoktrin mit der Ansicht, dass es in der nicht-christlichen Kultur nichts gab, worauf ein christlicher Missionar aufbauen konnte. Jeder Aspekt traditioneller, nicht-christlicher Kultur musste zerstört und ausgerottet werden, um den Menschen das Evangelium zu verkünden.

[8] Andrew F. Walls, The Cross-Cultural Process in Christian History, 8.

[9] Andrew F. Walls, The Missionary Movement in Christian History, Studies in the Transmission of Faith, New York 2004, 86.

[10] Ogbu U. Kalu, Kirchliche Präsenz in Afrika: Eine geschichtliche Analyse des Evangelisationsprozesses, in: ATER (1979), 14.

phalisch und gegenüber den indigenen, nicht-europäischen Kulturen herablassend verfasst ist.[11] Kalu verlangt deshalb eine revidierte afrikanische, christliche Geschichtsschreibung, die das Wirken der Afrikaner untersucht, ohne die Rolle der verschiedenen Missionswerke zu vernachlässigen.

Die vorliegende Abhandlung stützt sich auf konkrete Beispiele aus der ghanaischen Basis, wo die junge BM authentische Erfahrungen im interkulturellen Austausch bzw. in der Zusammenarbeit mit einheimischen Christen sammeln konnte.

Basis: Eine große Bühne für die afrikanische, christliche Geschichte

Adrian Hastings, ein scharfsinniger Historiker für afrikanisches Christentum, hat zutreffend darauf hingewiesen, dass die Bedeutung des afrikanischen Christentums sich eher im populären Christentum an der kirchlichen Basis als im kirchlichen Überbau zeigt:

> Die enorme, formlose Fülle an Hingabe, Verehrung, Glauben, Aberglauben, neuen Gemeinschaften häufig mit Strukturen, die schwerlich mit den Regularien von Rom, Genf oder Canterbury übereinstimmen, belegen das nachhaltigste kirchliche Erbe dieses Vierteljahrhunderts. Während die tatsächliche Kontrolle der westlichen Kirchen nachlässt, bekommt man den starken Eindruck, dass das Modell des historischen Äthiopiens sich zunehmend durchsetzt: Dort existierte dauerhaft ein dörfliches Christentum mit sehr kleinem Überbau und stark symbolischem Ritus – ein Modell, das sich auf dem Kontinent ausbreitete.[12]

Im Grunde weist Hastings darauf hin, dass für die Auswertung der Entwicklung des afrikanischen Christentums die örtliche Basis ausschlaggebend ist.[13] Wir sollten somit unser Thema bei unseren Betrachtungen so angehen, dass wir konkrete Beispiele von der Basis in Ghana anführen, dem ersten Missionsfeld der BM.

---

[11] Ogbu U. Kalu, The Shape and Flow of African Church Historiography, in: Ders. (Hg.), African Christianity: An African Story, Pretoria 2005, 15.
[12] Adrian Hastings, A History of African Christianity 1950–1975, Cambridge 1979, 274.
[13] Siehe David Maxwell/Ingrid Lawrie (Hg.), Christianity and the African Imagination: Essays in Honour of Adrian Hastings, Leiden 2002, 1–3.

Missionsära vor der Basler Mission

Die Evangelische Missionsgesellschaft in Basel, später als Basler Mission bekannt, arbeitete von 1828 bis 1918 90 Jahre lang an der Goldküste. Die ersten Missionare für die Goldküste kamen am 18.12.1828 in Christiansborg an. Beflügelt vom brennenden Eifer für das Evangelium Christi verbreitete die BM die christliche Lehre und überzeugte die Menschen der Goldküste davon, dass die pietistische Version des Christentums ihre beste Hoffnung für ein moralisch und materiell besseres Lebens sei.[14]

Es mag ungereimt klingen, dass vor Ankunft der BM in Ghana örtliche Ghanaer zur Ansiedlung der Mission in Ghana beigetragen hatten. Tatsächlich jedoch kam die Initiative zum Teil aus Ghana. Es ist allgemein bekannt, dass König Friedrich VI. von Dänemark die BM gebeten hatte, Missionare nach Ghana zu schicken, als die BM eben Pläne schmiedete, eine eigene Mission in Westafrika zu errichten. Was in den Geschichtsbüchern normalerweise nicht erwähnt wird, ist die Tatsache, dass die Bitte von König Friedrich an die Basler Mission eigentlich eine Reaktion auf ein Ersuchen der einheimischen Osu-Christen war, welches sie über den dänischen Gouverneur Johan Christopher Richelieu (1823–25) übermitteln ließen, als dieser nach Ende seiner Amtszeit an der Goldküste nach Hause zurückkehrte. Das erklärt, warum die ersten Basel-Missionare als Teil eines dänischen Teams an der Goldküste waren.

Die frühe Basler Mission im Akuapem-Berggebiet

In unseren Ausführungen oben sprachen wir die Haltung der europäischen Missionare in Afrika an, die verschiedentlich mit den Begriffen Eurozentrismus und Triumphalismus beschrieben wird. Für diese Kritik gibt es viele Belege in der Geschichtsschreibung, die europäische Missionare und Gelehrte übernahmen und in der die Rolle der indigenen Afrikaner in der Geschichte des afrikanischen Christentums heruntergespielt wurde.[15] O. U. Kalu hält fest:

---

[14] Jon Miller, Missionary Zeal and Institutional Control, 33.

[15] Beispiele dieser Kritiken sind zu finden bei W. B. Niwagila, From the Catacomb to a Self-Governing Church, Hamburg 1988, 13; J. F. Ade-Ajayi/E. A. Ayandele, Writing African Church History, in: P. Beyerhaus/C. F. Hallencreutz (Hg.), The Church Crossing Frontiers: Essays on the Nature of Mission, 91; O. U. Kalu (Hg.), General Introduction to the History of Christianity in West Africa, London 1980, 1–2; Ders., African Church Historiography: An Ecumenical Perspective, Papers presented at a Workshop

»Dieses literarische Genre trug zur Auslösung des Ethnozentrismus bei, der die Errungenschaften der Missionsarbeit praktisch ruinierte. Zudem legte diese Geschichtsschreibung zu großen Nachdruck auf die Rolle der Missionare und vernachlässigte den sozioökonomischen und politischen Hintergrund der Gastgemeinden.«[16]

Darüber hinaus wurde die Rolle der Gastgemeinden weitgehend unterschätzt im Gegensatz zur Beobachtung von Walls, dass »das moderne afrikanische Christentum nicht nur das Ergebnis von Bewegungen und Entwicklungen unter Afrikanern ist, sondern hauptsächlich von Afrikanern getragen wurde und überraschend deutlich das Ergebnis afrikanischer Initiativen ist. Auch der Missionarsfaktor muss relativiert werden«.[17]

Bemerkenswert sind Nachweise aus schriftlichen Berichten von Missionaren an der Basis, die den Beitrag afrikanischer Gastgeber und Mitarbeiter anerkennen.

Ein gut dokumentiertes Beispiel ist die Hilfe, die Andreas Riis im Jahr 1832 von einem Kräuterkundigen erhielt, wodurch er die Malaria-Epidemie in Ghana als Einziger all seiner Kollegen überlebte.[18] Später beschrieb Riis die warmherzige Gastfreundschaft und die Hilfe seines Gastgebers mit folgenden Worten:

> »Weit entfernt von allen Weißen fühle ich mich inmitten dieser schwarzen Heiden sehr zuhause. Der Herr war in jeder Hinsicht unbeschreiblich freundlich zu mir. Er ließ mich unter den Schwarzen mehr Liebe und Vertrauen finden, als man normalerweise erwarten würde.«[19]

Ein anschaulicheres Beispiel für die Anerkennung der unerlässlichen Rolle der Afrikaner bei der Arbeit der Basler Missionare liefert der nachfolgende Bericht von Johannes G. Christaller (1827–1895) an die Basler Mission:

> Im Hinblick auf unsere einheimischen Helfer können wir uns glücklich schätzen: Wo wir fähige Leute haben, kommen wir voran. Wir hätten hier kaum eine christliche Gemeinde ohne Edward Samson, ein Ergebnis

on African Church History, Held at Nairobi, August 3–8, 1986, Bern: EATWOT Working Committee on Church History 1988, 14–16.

[16] O. U. Kalu, Church Presence in Africa: A Historical Analysis of the Evangelization Process, in: K. Appiah-Kubi/S. Torres (Hg.), African Theology En Route, Maryknoll 1979, 13–21.

[17] Walls, The Missionary Movement, 89.

[18] C. P. Grooves, The Planting of Christianity in Africa, vol. 1 to 1840, London 1958, 300.

[19] Übersetzung des deutschen Originals von J. D. K. Ekem, Priesthood in Context: A Study of Akan Traditional Priesthood in Dialogical Relation to the Priest-Christology of the Epistle to the Hebrews and its implications for a Relevant Functional Priesthood in Selected Churches Among the Akan of Ghana, Hamburg 1994, 72.

der Anwesenheit von Meischel hier; die Anwesenheit der Missionare ist keinesfalls vergebens; *wir sind nichts ohne die Einheimischen, sie tun nichts ohne uns, aber Gott allein gebührt die Ehre, es ist seine Arbeit.* Wir sind als würdig erachtet worden, seine Werkzeuge zu sein, und sind doch unwürdig – es liegt alles in seiner Gnade. Was die Unzulänglichkeit in unserer Sprache anbetrifft, so hat vor Jahren Bruder Mader sich mit Recht getröstet, dass der Heiland die Augen eines Blinden mit Lehm geöffnet hat.[20]

Der obige Bericht zeigt, dass die Beziehungen zwischen den Basler Missionaren und dem einheimischen Personal über bloße Kooperation hinausging. Vielmehr bestand eine gegenseitige Abhängigkeit, was einen dynamischen kulturellen Austausch voraussetzt, ohne den eine gute Zusammenarbeit nicht möglich gewesen wäre. Es überrascht nicht, dass Noel Smith den Zeitraum von 1850 bis 1870 (in den auch Christallers Zeit in Ghana fällt) als »Phase der Konsolidierung« bezeichnet. Dieser Zeitraum bildete die Grundlage für eine phänomenale Expansion der Missionsarbeit der Christen und der Basler Missionare – sowohl horizontal (geografische Ausbreitung) als auch vertikal (Intensität der christlichen Mission).[21] Das oben genannte Beispiel versinnbildlicht die Art und Weise, wie einheimische Christen mit Missionaren anderer Missionsgruppen in Afrika zusammenarbeiteten, was zur Entstehung traditioneller Großkirchen in Afrika führte.

Obwohl die Einrichtung der Ghana-Mission im Jahr 1843 das Ergebnis beharrlicher Anstrengungen nach zwölf Jahren mit einer hohen Sterblichkeitsrate ist, ist es auch die Geschichte der Zusammenarbeit mit einem nicht-christlichen Häuptling. Als die Basler Mission im Jahr 1840 Andreas Riis zurückbeorderte, erwog sie, dieses Missionsfeld aufzugeben, wie sie es Ende der 1820er Jahre in Liberia gemacht hatte. Nur dank dem Rat des *Okuapehene*[22] Nana Addo Dankwa kam die Basler Mission drei Jahre später zurück. Nach mündlicher Überlieferung sagte der Großkönig Nana Addo Dankwa:

---

[20] Archiv Mission 21, Basler Mission; D-1,15 Aburi Nr. 16 – Vierteljahresbericht Christaller – 30.4.1863. J. G. Christaller war gebürtiger Deutscher, Linguist der Basler Mission, Bibelübersetzer und Missionar in Ghana Mitte des 19. Jahrhunderts. Er erforschte die Akan-Sprache Ghanas – er brachte sie auf literarisches Niveau, wodurch die Einheimischen ihren christlichen Glauben in ihrer Muttersprache ausdrücken konnten. Der in dem Bericht erwähnte Edward Samson war ein indigener Katechet und einer der ersten von der Basler Mission ausgebildeten Mitarbeiter. Es ist überliefert, dass Edward Samson einen toten Jungen durch Gebete wieder zum Leben erweckt hat, ein Ereignis, dass in der Mission der Basler Mission in Larteh Akwapim in Ghana zu einem Durchbruch führte.

[21] Siehe Noel Smith, The Presbyterian Church of Ghana, 1835–1960, Accra 1966, 45–64.

[22] Okuapehene ist der Hauptkönig des Volkes der Akuapem.

Als Gott die Welt erschuf, gab er den Weißen ein Buch (Bibel) und den Schwarzen die *Abosom* (Untergötter). Aber wenn Sie mir einen Schwarzen zeigen können, der das Buch des Weißen lesen kann, würden wir Ihnen sicher folgen.[23]

Nana Addo Dankwa wiederholte die weitverbreitete Überzeugung der indigenen Menschen der damaligen Zeit. H. C. Monrad, zwischen 1805 und 1809 Geistlicher im dänischen Fort Christiansborg, bekräftigte, dass es sich hierbei um einen weitverbreiteten Glauben des Küstenvolkes der Ga handelte. Er schrieb:

> Sie glauben, dass Gott oder *Jongmaa* am Anfang viele schwarze und weiße Menschen schuf – die Schwarzen zuerst, die Weißen danach. Er brachte dann zwei verpackte Geschenke unterschiedlicher Größe und ließ die Schwarzen zuerst wählen. Gierig entschieden sie sich für das große Geschenk, das nur Gegenstände zur Verehrung von Götzenbildern und lebensnotwendige Bedarfsgüter enthielt. Das Geschenk für die Weißen enthielt Bücher und all die Eigenschaften, durch die sich die Europäer von den Schwarzen unterscheiden.[24]

Diese Aussage von Nana Addo Dankwa führte Riis dazu, das Komitee der Basler Mission von der Notwendigkeit zu überzeugen, einige afrikanische Christen mit zurückzubringen. Als die BM die Christen aus der Karibik nach Afrika brachte, führte dies unverzüglich zu einer Reaktion der Einheimischen. Dazu der *Evangelische Heidenbote* 1854:

> Die Ankunft dieser Kolonisten in Westafrika und ihre Ansiedlung unter ihren Kameraden [Afrikaner] markiert einen Wendepunkt in der Geschichte dieser Mission. Denn obwohl sie zunächst einen schwierigen Anfang durchlaufen mussten, entwickelte sich die Mission von nun an weiter. Todesfälle unter unseren Brüdern wurden sehr selten [oder: wurden selten festgestellt] und die Schwarzen fingen an, dem Wort vom Kreuz Gehör zu schenken.[25]

Somit lieferte Nana Addo Dankwa den Anstoß zur Lösung der Probleme aus früheren Phasen der Mission.

---

[23] Daniel J. Antwi, The African Factor in Christian Mission to Africa: A Study of Moravian and Basel Mission Initiatives in Ghana, in: International Review of Mission LXXXVII:344 (1998), 61.
[24] H. C. Monrad, A Description of the Guinea Coast and its Inhabitants, translated by Selena Axelrod Winsnes, Accra 2009, 33.
[25] Der Evangelische Heidenbote, Nr. 10, Oktober 1854, 80–81.

In vielen Fällen wurde der Basler Pioniermissionar Andreas Riis in hagiografischer und triumphaler Weise dargestellt. Gelegentlich wird er als Superheld präsentiert: als *Osiadan* oder Bauherr seines eigenen Hauses. Paul Jenkins, der lange als Archivar der BM arbeitete und viel über dieses Thema schrieb, stellte den Superheldenstatus des Missionars Riis in Frage.[26] Jenkins plädierte für eine Neufassung der einheimischen Initiative bezüglich der Niederlassung von Riis in Akropong im Jahr 1835. Er machte die einheimische Führung des Staates Akuapem als dritten Aktivfaktor in der frühen Geschichte der Kirche in Akuapem aus. Jenkins beschreibt diesen dritten Aktivfaktor als nicht angemessen anerkannt aufgrund »anhaltender interkultureller Blindheit in der Missionsgeschichtsschreibung«.[27] Er führt aus, dass Riis an zwei Stellen in seinem eigenen Tagebuch verzeichnet, dass der Omanhene von Akuapem angeboten habe, ein Haus für ihn zu bauen. Weiterhin schreibt Riis in seinem veröffentlichten Tagebuch, dass »sich eine Menge Leute versammelt haben, um sein Haus nach einem starken Regen zu verputzen, und dass sie dafür sogar Leute aus den umliegenden Siedlungen um Hilfe gebeten haben«.[28]

Das Argument von Jenkins bekräftigt die Ansicht, dass nicht-christliche afrikanische Könige in der Arbeit der Basler Mission wichtige Rollen spielten. Könige wie *Konor* Odonkor Azu aus Odumase und Nana Akpandja aus Bodada arbeiteten mit der BM zusammen, um die Mission erfolgreich werden zu lassen.[29] Es wäre erstrebenswert, ihren Beitrag zu erforschen, den viele Historiker nie berücksichtigten.

Die Basler Mission in Ghana vor dem Ersten Weltkrieg

Das Schicksal der frühen Missionare lässt sich als tragisch bezeichnen. Jenkins beschrieb es als »einerseits sture Verbissenheit, andererseits Tragödie. Dreimal kam es zu Beginn in den späten 1820er Jahren und 1830er Jahren vor, dass ganze Missionsteams fast vollständig durch Krankheit ausgelöscht wurden«.[30]

---

[26] Paul Jenkins, The Scandal of Continuing Intercultural Blindness in Mission Historiography: The case of Andreas Riis in Akuapem, in: International Review of Missions LXXXVII:344, 67–76.
[27] Jenkins, Continuing Intercultural Blindness, 73.
[28] A. a. O. 71.
[29] Veit Arlt, Christianity, Imperialism and Culture – The Expansion of the Two Krobo States in Ghana, c. 1830–1930, Dissertation, Universität Basel 2005, 49, 269; Sammy B. Yeboah, The History and Survival of Presbyterian Church of Ghana (Basler Mission) in Buem/Krachi/Adele, Bodada, nicht datiert, 22.

Andreas Riis, Mitglied der zweiten Missionarsstaffel, überlebte durch die Gnade Gottes und mit Hilfe eines einheimischen Kräuterkundigen und ging 1835 nach Akropong-Akwapim. Das Klima war angenehmer für Riis, aber seine Arbeit zeigte keine konkreten Erfolge. Gott in seiner Weisheit bewies den Menschen in Akwapim, dass sein Licht für alle Menschen scheint (für Europäer wie Afrikaner). Die BM sah sich gezwungen, eine neue Strategie zu definieren, wonach eine erste Gruppe von 24 ex-afrikanischen, christlichen Sklaven aus Jamaika und Antigua an der afrikanischen Goldküste als Mitglieder des Missionsteams wirken sollten. Wie bereits erwähnt, trug sich dies zu der Zeit zu, als die BM die Entscheidung erwog, ihre Mission an der Goldküste zu beenden. Ihre Ankunft im April 1843 und die Ansiedlung in Akropong markierten den Beginn einer neuen Phase der BM-Aktivitäten an der Goldküste.

Die Arbeit der BM kam deutlich und stetig voran, sowohl im horizontalen Sinn (geografische Expansion) als auch im vertikalen, vertiefenden Sinn – im Hinblick auf die Intensität (Auswirkungen auf das religiöse, sozialökonomische Leben der Menschen an der Goldküste). Der Durchbruch gelang mit einer neuen Generation von Basler Missionaren, ihren Ehefrauen, den Christen aus der Karibik und lokalen Christen, die sich als Dolmetscher, Katecheten, Seelsorger und Freunde der Missionare einsetzten (einige waren Häuptlinge und Kräuterkundige) und ihre Kräfte zur Stärkung der Mission bündelten. Dieses gemeinschaftliche Projekt ist ein klassisches Beispiel für interkulturelle Theologie als Voraussetzung für eine erfolgreiche und nachhaltige Mission.

Verwaltungsstrukturen der Kirche

Die BM organisierte ihre Gemeinde in elf Kreisen. Diese unterstanden den nachfolgenden drei Bezirken, die von BM-Mitarbeitern geleitet wurden: Ga-Adangme (mit Osu, Abokobi, Ada und Krobo-Odumase); Twi Eastern, bestehend aus Aburi, Akropong und Anum, und Twi Western, bestehend aus Nsaba, Begoro, Abetifi und Kumase.[31] Stammesälteste wurden beauftragt, die Missionare zu unterstützen. Das gesamte Missionsfeld unterlag der direkten Aufsicht eines Missi-

---

[30] Paul Jenkins, Kurze Geschichte der Basler Mission, Basel 1989, 5.
[31] Bericht Basler Mission, 1900, 5–8.

onsrates, der regelmäßig an den Missionsausschuss in Basel rapportierte. Dieser Ausschuss traf sämtliche Entscheidungen für das Missionsfeld.

Die ghanaischen christlichen Leiter kämpften gegen die ihrer Wahrnehmung nach totalitäre Herrschaft der BM und agitierten für eine stärkere Beteiligung am Entscheidungsfindungsprozess der Kirche. Eine Gruppe Christen demonstrierte gegen – wie sie es nannten – »… die Tyrannei der Gesetze und Bestimmungen der Basler Mission« in Abokobi.[32]

Dies geschah, weil die Afrikaner nicht als vollständige Missionare angesehen wurden. Gelegentlich sorgte das für Verstimmung unter den afrikanischen Missionaren. Das oberste Entscheidungsgremium an der Küste war die europäisch dominierte Missionarskonferenz. Es gibt zwar Aufzeichnungen über die Mitwirkung von David Asante, der in Basel ausgebildet wurde. Aber andere in Basel ausgebildete Afrikaner wie Paul Fleischer und Nicholas Timothy Clerk wurden nie zur Mitwirkung an diesen Konferenzen eingeladen. Altgediente afrikanische Pfarrer unterstanden ihren europäischen Kollegen und gelegentlich neu ausgebildeten europäischen Missionaren. Bei der Twi- und der Ga-Synode von 1909 verlangten die afrikanischen Missionare nach mehr Autorität und Unabhängigkeit für ihre Arbeit. Der Twi-Bezirk zum Beispiel beschloss, dass die Ortsansässigen ihre eigenen Entscheidungen treffen sollten. Dazu einige Aspekte aus der Resolution von Rev. J. Boateng:

> Ein Gesichtspunkt, der … uns beschäftigt, ist, wie trotz des hoffnungsvollen Fortschritts die Arbeit manchmal in ihrem Voranschreiten durch schweren Verlust und gravierende Nachteile gebremst wird …, wie sehr die Missionare und die Gemeinde insbesondere ihr eigenes Komitee aus Einheimischen benötigen, das sie kennt und versteht, um ihre eigenen internen Angelegenheiten zu erledigen. … Seit vielen Jahren verlangen viele von uns, dass ein Antrag auf Anerkennung eines solchen Komitees einstimmige Zustimmung erhält.[33]

Das Missionskomitee antwortete unverzüglich, dass die Afrikaner mehr geistliche Reife benötigen, bevor sie die Leitung der Mission übernehmen könnten.[34] Es ist aufschlussreich, dass im Juli 1879 der Kirchenvorsteher Emmanuel Osabu-

[32] Debrunner, Abokobi and the Basel Mission, G.N.A., Accra EC6/1, 12.
[33] Bericht der Konferenz einheimischer Missionare im zur Basler Mission gehörenden Twi-Bezirk in Kyebi im Jahr 1909, G.N.A., Ec1/10.
[34] David N. A. Kpobi, Mission and Governance – The Evolution of Practice and Procedure in the Presbyterian Church of Ghana, Accra 2011, 32.

tey und andere der Addah-Missionsstation bei dem Missionskomitee schriftlich beantragten, dass Rev. Jeremias Engmann, der drei Jahre lang ihr Pfarrer war, in der Missionsstation bleiben soll, anstelle eines europäischen Missionars, der abgesandt wurde, ihn zu ersetzen.[35] Die Weigerung des Missionskomitees, sich hier zu bewegen, zog einige Unruhe nach sich, und die Einheimischen riefen nach Unabhängigkeit.[36] Schlussendlich musste das Missionskomitee dem Ersuchen der Einheimischen stattgeben.

Nicht ganz zehn Jahre nach der Synode von 1909 sahen sich die afrikanischen Führungskräfte gezwungen, nach Ausweisung der Missionare die Leitung der Kirche zu übernehmen. Im Gegensatz zur Haltung der Basler Mission erwies sich, dass sie für diese Aufgabe ausreichende spirituelle Reife besaßen. Ihre Leistungen in der Periode nach dem Ersten Weltkrieg bewiesen die kontinuierliche und bedeutende Rolle der Afrikaner in der Missionsarbeit.

Gleichwohl demonstrierte die BM in ihrem eigenen Führungsstil die reformierte Idee einer demokratischen Kirchenleitung, die der Vereinigten Freikirche von Schottland den Boden bereitete. Diese übernahm die Verwaltung der verwaisten Kirche nach dem Krieg und änderte dabei das System, indem sie Einheimische stärker in die Verwaltungsaufgaben einband und ihnen mehr Verantwortung für ihre Angelegenheiten übertrug. Somit baute die Schottische Mission auf den Fundamenten der BM auf.

Der Erste Weltkrieg

Der Ausbruch des Ersten Weltkriegs im Jahr 1914 führte dazu, dass Großbritannien und Frankreich die deutschen Interessen im Ausland zunichte machten. Aufgrund der engen historischen Beziehungen zwischen der BM und deutschen Kirchen verhängte die britische Regierung Sanktionen gegen die BM und wies am 16.12.1917 die Missionare mit deutscher Staatsangehörigkeit aus.[37] Das war einerseits eine bittere Pille für die BM und die einheimischen Christen, die von ihrer Arbeit profitierten. Aber andererseits war es auch ein Vorteil für den Aufbau einer leistungs- und tragfähigen Kirchenverwaltung vor Ort.

[35] BMA – D-1.34, 1.97, Brief von Emmanuel Osabutey u. a., 12.7.1879.
[36] BMA – D-1.34, I.100, Brief von Emmanuel Osabutey u. a., 9.9.1878.
[37] In Ghana waren ca. 70 % der Missionare der Basler Mission deutsche Staatsbürger.

Die BM spielte eine bedeutende Rolle bei der Emanzipation der Goldküste von der Kolonialherrschaft. Es war ihr Ziel, gebildete Afrikaner für die künftige Missionsarbeit heranzuziehen und ihnen Tugenden wie »harte, ehrliche Arbeit und Disziplin« zu vermitteln, die gute Ergebnisse brachten. Mehr als jede andere Missionsgesellschaft ist die BM berühmt für die Einführung sozioökonomischer Projekte, wissenschaftlichen Landbaus und sozialer Einrichtungen, den Bau von Straßen und Schulen sowie Sprachstudien.

Zwei bedeutende Gesten der Synode der PCG in den Jahren 1920 und 1922 geben ein deutliches Beispiel vom guten Verhältnis zwischen der PCG und der BM, das sich trotz der kriegsbedingten Ausweisung der Basler Missionare entwickelt hatte.

Der Erste Weltkrieg führte Europa in eine schwere wirtschaftliche Depression. Die PCG erhielt nun Berichte, wonach ehemalige Missionare zu Hause unter dieser Wirtschaftskrise zu leiden hatten.[38] Folglich entschied das Synodenkomitee der PCG, von jedem weiblichen Mitglied 2 Schilling und von jedem männlichen Mitglied 5 Schilling Abgabe zu erheben. So kam im Juli 1923 ein Betrag von £ 500 zusammen, der zur Verteilung nach Basel geschickt wurde. Die BM versandte einen von Rev. H. Burckhadt, Präsident, und Rev. W. Oettli, Geschäftsführer, unterzeichneten Dankesbrief an die PCG als Empfangsbestätigung für das Geld: »Ihre Spende war für uns als Zeichen der Liebe und Zuneigung der Kirchenmitglieder der Goldküste für ihre ehemaligen Missionare äußerst wertvoll.«[39] Im Jahre 1924 wurde eine zweite Spende über £ 525 und 15 Schilling an die Missionare überwiesen, deren Eingang ebenfalls von Rev. Oettli bestätigt wurde. Er informierte das Synodenkomitee, dass sich die Situation gebessert habe und weitere Spenden nicht mehr notwendig seien.[40] Diese Gesten sind deshalb bedeutend, weil sie die Kultur des gegenseitigen Teilens zwischen der BM und den Christen vor Ort in Ghana dokumentieren. Diese Hilfestellungen zeigen deutlich, dass sich die Kirche tatsächlich selber finanzieren und im Notfall ihre Hand nach Westen reichen konnte.

---

[38] Charles Gyang Duah, The Scottish Mission Factor in the Development of the Presbyterian Church of Ghana: 1917–1957, Dissertation, vorgelegt an der University of Edinburgh 1996.
[39] Siehe Protokoll des Synodenkomitees der Presbyterianischen Kirche der Goldküste, 4.–6.12.1923, 84–85.
[40] Siehe Protokoll des Synodenkomitees, 16.12.1924.

Entwicklungen in der Nachkriegszeit

Der Erste Weltkrieg, in welchem sich die Mächte Europas gegenüberstanden, führte zur Ausweisung der Basler Missionare aus der britischen Kolonie der Goldküste. Die Basler Mission war zwar als Schweizer Missionsgesellschaft im Krieg neutral. Aber weil viele Deutsche bei ihr mitwirkten, wurde die BM folglich als deutsch angesehen. Die Schottische Mission, eine weitere, reformierte Missionsgesellschaft, trat in die Fußstapfen der BM. Unter der Leitung von Dr. Wilike vollzog sie den bedeutenden Schritt hin zu einer selbstverwalteten Presbyterianischen Kirche.[41] Noel Smith schrieb zur ersten gemeinsamen Synode im Jahr 1918:

> Die Synode war als oberstes Gericht der Kirche konstituiert, es wurde ein Kirchen-Lenkungsausschuss bestehend aus acht afrikanischen Mitgliedern und drei Missionaren gegründet, und Reverend P. Hall und Reverend N. T. Clerk wurden zum Ersten Moderator bzw. Synodensekretär gewählt.[42]

Diese Synode führte eine neue Phase ein, in der Afrikaner die junge afrikanische Kirche leiteten, d. h. Entscheidungen zur Kirchen- und Missionsarbeit wurden an der Goldküste getroffen. Bis dahin hatte unter der Leitung der BM der Missionsrat in Basel die Entscheidungen getroffen. Die beiden obersten Kirchenleiter, Hall und Clerk, waren die zweite Generation der aus der Karibik stammenden und an der Goldküste aufgewachsenen Christen. Die Schottische Mission führte die Kirche in die Selbstverwaltung. Dazu Charles Gyang-Duah:

> »Es gelang, die Kirche in die Umlaufbahn der weltweiten ökumenischen Bewegung zu bringen … Die Schottische Mission gab den ghanaischen Kirchenverantwortlichen Selbstvertrauen, indem sie sie in die Kirchenverwaltung einbezog und so das Selbstwertgefühl der einheimischen Führung förderte.«[43]

Im Jahr 1926 kamen die Basler Missionare zurück, und es entwickelte sich eine Zusammenarbeit mit ihren direkten Nachfolgern und den afrikanischen Kirchenleitern. Die zwei Missionsgesellschaften der Basler Mission und der Schottischen Presbyterianer (*Scottish Presbyterians*) arbeiteten gemeinsam mit der Presbyterianischen Kirche der Goldküste (*Presbyterian Church of Gold Coast*)

---

[41] Smith, The Presbyterian Church of Ghana, 160.
[42] A. a. O.
[43] Gyang-Duah, The Scottish Mission Factor, 353.

– ein Übergang voller Schwierigkeiten. Es wurde daher vereinbart, dass die beiden »Mutter-Missionarsgesellschaften« der jungen und lokal geleiteten Kirche als beratende Organe zur Seite stehen sollten.

Auf dem Synodentreffen der jungen, selbstverwalteten Kirche in Abefifi im Jahr 1926 wurde die Bezeichnung »The Presbyterian Church of the Gold Coast« abgesegnet und erklärt, dass der Presbyterianismus in Schottland seine Wurzeln in der Reformbewegung in der Schweiz habe und Basel eines der herausragendsten Zentren dieser Reformbewegung sei.[44] Die Bezeichnung »Presbyterian Church« würdigte das Gemeinwesen der Schottischen Kirche, die ihre Kontinuität mit den Traditionen der BM nachzeichnet.

Schlussfolgerung

In seiner Bewertung der Geschichte des Christentums in Afrika folgert Frans J. Verstraelen richtig:

> Die christliche Geschichtsschreibung Afrikas hat sich von einem *missionarischen* (oft hagiografischem) oder *nationalistischen* (unter Ausschluss oder negativer Bewertung der Fremdfaktoren) hin zu einem *holistischen* Ansatz bewegt. Dieser Ansatz möchte den Faktor der fremden Missionare nicht aus dem einfachen Grund streichen, dass dieser Auswirkungen auf die historische »Arena« in unterschiedlichem Maße gezeigt hat. Ein holistischer, ausgewogener Ansatz sollte somit den Akzent auf alle Beteiligten setzen mit besonderem Augenmerk auf die politischen, sozioökonomischen und religiösen Aspekte und Strukturen, innerhalb derer das christliche Drama in Afrika inszeniert wurde.[45]

Verstraelen plädierte unter anderem für die Anwendung einer Methodik, die die afrikanische Kirchengeschichtsschreibung nicht auf einen engstirnigen, partikularistischen Ansatz beschränkt. Wir brauchen ein breiteres Kirchenverständnis, welches von allen Völkern ihren Beitrag zur Missionsaufgabe einfordert. Ogbu Kalu stellt dementsprechend fest, dass »die afrikanische Kirchengeschichte das Studium der Vergangenheit und der gegenwärtigen Erfahrungen der Menschen

---

[44] E. T. Koramoa/Edward Reynolds, Ghana Presbiteri Asafo; Mfe Ôha Ne Aduonum Adwuma 1828–1978, Accra 1978, 73.
[45] Frans J. Verstraelen, History of Christianity in Africa in the Context of African History: An Assessment, Zimbabwe 2002, 6.

mit dem Evangelium sowohl während als auch zum Ende der Missionarszeit ist«.[46]

Die Neudeutung der Geschichte der BM muss den Schwerpunkt auf die Basis legen, auf jegliche Erfahrungen von Menschen hinweisen, die sich zu Jesus Christus bekennen, und berücksichtigen, was Christus für sie in ihren Gemeinden bedeutet. Sie muss den Geist der Gemeinsamkeit und Gegenseitigkeit betonen, der die Arbeit der BM von Beginn an gekennzeichnet hat, aber nicht ausreichend beleuchtet wurde.[47] Denn Mission ist immer dort möglich, wo es einen dynamischen interkulturellen Austausch gibt. Dieser Austausch ist zwingend erforderlich im Hinblick auf die Tatsache, dass Mission multikulturelle und multiethnische Situationen mit großen Herausforderungen schafft, die es zu lösen gilt. Die Herausforderungen können dort gut gemeistert werden, wo die beteiligten Parteien verstanden haben, dass sie verwundbar sind und einander brauchen. Es bedarf eines gegenseitigen Respekts sowie eines feinen Gespürs für Komplementarität, was einhergeht mit »einem angemessenen Verständnis für die religiöse Realität in der Tradition der philosophischen Reflexion«.[48] Das war die Erfahrung der BM. Folglich muss der neue Ansatz ihrer Geschichtsschreibung in Afrika die Rollen anderer – Afrikaner (vom Kontinent und der Diaspora), Schotten, Schweizer, Deutsche – in geeigneter Form würdigen.

Darüber hinaus muss der Kontext der Mission inklusive des »Bodens« gründlich untersucht werden. Die Rolle nicht-kirchlicher Menschen und aller Missionspartner wie befreundeter Häuptlinge etc. muss ebenfalls gebührend berücksichtigt werden. Dieser Ansatz ist der sicherste Weg zu einer Geschichtsschreibung der BM, mit der sich alle Beteiligten voll identifizieren können und die sie teilen.

(Prof. Cephas Omenyo ist Professor für Afrikanisches Christentum und Leiter des College of Education der Faculty of Arts der University of Ghana)

---

[46] Ogbu U. Kalu (Hg.), African Christianity: An African Story, Trenton 2007, 19.
[47] A. a. O.
[48] Siehe Jan A. B. Jongeneel, The Challenge of a Multicultural and Multi-religious Europe, in: F. Wijsen/P. Nissen (Hg.), ‚Mission is a Must': Intercultural Theology and the Mission of the Church, Amsterdam/New York (Sonderdruck) 2002, 178.

From mission compounds to a borderless Church – Living in harmony in a multi-religious context: Contribution of the Basel Mission in the light of conversion and religious tolerance debates in India today

Rathnakara Sadananda

Towards *Sarva Dharma Samabhava* …

In India, to which the Basel missionaries came around 180 years ago, secularism is a modern political constitutional principle that involves two basic propositions: 1. People belonging to different faiths and beliefs are equal before the law, constitution and governing policy; 2. there can be no mixing up of religion and politics. It follows that secularism asserts the right to be free from religious rules and teachings in the public sphere and that within a state religion is neutral. Secularism refers to a belief that human activities, decisions and designs should be unbiased by religious influence.

If you look at our India, we call ourselves a secular country, but all people are not really equal before the law. We do not have a common civil code; we are deeply religious; our religious adherence has never been a private affair, it always spills over to the public; and our religions have a distinct ›presence‹ in the public sphere. Secularism in India has attained a very different shade of meaning, colour and implication. India has never been a *dharmanirapeksha* – a religiously neutral country. Religion is very central to the life of the Indians. The age-old philosophy as expounded in the Upanishads is ›*sarva dharma samabhava*‹ which means equal respect to all religions. In India secularism has never been interpreted as *dharmanirapeksha* but always as *sarva dharma samabhava*.

In India secularism is more a political than a philosophical phenomenon. It is more of a power sharing and political arrangement between different religious communities. India is secular in the sense that the Indian state would have no religion; though the people of India would be both individually and as communities free to follow any religion of their birth or choice. India remains politically secular, but otherwise its people are deeply religious.

In India we should not make a contradiction between the religious and the secular but between secular and communal, for we do not see any struggle between secular and religious power structures; but between secularism and communalism.

The communal forces in religions mainly fight for a share in power normally using their respective religions. According to the Indian constitution article 14.25, all citizens will enjoy the same rights without discrimination on the basis of caste, creed, gender and religion. According to Article 25, all those who reside in India are free to confess, practice and propagate the religion of one's choice, subject to social health, law and order. Thus even conversion to any religion of one's choice is a fundamental right.

The communal politics which thrives on igniting communal tensions, on the one hand, and the politics of appeasement, looking at distinct communities to further their political power, on the other, have dealt a death blow to the secular fabric of our nation. The *sarva dharma samabhava* has been diluted to the extent that communal forces in the so-called majority openly ask the minorities not only to respect the *Dharma* of the majority but that the minorities should also learn to earn the goodwill of the majority. The recent attempts either to reconvert Christians into the hindufold and/or cleanse the whole village from Christians with a ritual called *Shuddhi* have become lowest points in the history of interreligious coexistence in our land. One should note that the majority as painted by and contended to, is not monolithic. It is a mosaic made up of different religious beliefs, traditions and practices, divided into castes and sub-castes, with Dalits and Adivasis forming a formidable community, not really belonging to and indeed cast out of the majority. And thus, in reality, India is a nation of minorities.

We should therefore understand conversion in the light of Indian understanding of secularism. Conversion is not just a change of religion but transformation of a person or a community. In Indian understanding and perception, *Dharma* is more than a religion. It is the true religion, *Saddharma* a vision of justice and righteousness, which transforms every person as a true human being. *Dharma* should and *saddharma* really does allow human beings to flower forth. And *Saddharma* is and should be the secular space we envisage and proclaim.

A secular society should respect mutual differences and at the same time provide equality of opportunity for all members of the state to achieve their full potential. Equality can be achieved only through the recognition of and response to different contextual needs of different sections of the society. In such an intervention, neutrality is hopelessly inadequate. The diversity of cultural membership, the inherent oppression present in the society, especially towards the weak and powerless, Dalits and Adivasis challenge us to redefine freedom in terms of taking sides and a preferential option. Secularism as *Sarva dharma samabhava* should enable citizens to respect plurality, religious plurality, and cultural plurality and at the same time give equality and equal opportunity to everyone.

It is interesting to see where the Basel Mission heritage and ideology fit in with the secular fabric of India and what pointers the Church may derive from it today. What was the narrative of the Mission society, its missionaries, and post-missionary period Christian leaders of the Basel Mission tradition? What was the level of ›acceptance‹ and dialogue that they were able to achieve and whether there are any implications, or even challenges for present-day Christianity and the Church in India?

Towards an exploration into the theology of dialogue

The Basel Mission sent its missionaries to India in 1834 with a challenge by Count Otto Victor von Schoenburg-Waldenburg, who offered the Basel Mission Switzerland 10,000 Taler to establish a catechist seminary in India. The very purpose of a catechist school was to establish an ›indigenous mission‹ in India. The catechist school was founded by Hermann Moegling in 1847 and became a seminary in 1863. Except for the period between 1914 and 1927, that is, during and after the First World War, the seminary has continued to train pastors for the Kannada-speaking regions. In 1947 the Basel Evangelical Mission Theological Seminary was affiliated to Serampore College and became part of the all-India theological education fraternity. In 1967 it became Karnataka Theological College, an ecumenical venture with the responsibility of training pastor theologians for the whole of the state of Karnataka. All through its historical existence this theological faculty not only imparted relevant contextual theological education but also gave and moulded the theological vision of the community. It also epitomised the communities' identity in the context of secular, multi-religious India.

It is pertinent to note that the Basel Mission came to India in the year 1834 with a pietistic mindset to proclaim the Gospel of Jesus, of the coming Kingdom of God, of liberation and salvation envisioning an eschatological community of equality and justice. They came to a caste-ridden India. South Kanara is one area in South India where the Basel Mission left an indelible imprint. Sturrock in his manual on South Kanara observes that the whole population, with the exception of Muslims, Christians and Jains, call themselves Hindus and are divided into more than 600 separate caste divisions.

The first and largest group of converts of the Basel Mission in South Kanara were the Billavas, toddy tappers by caste. Being considered as Shudras, they occupied a lower position in the caste hierarchy. They were ardent ›Bhutha‹ worshippers. The rest were sprinklings from other communities, from Mogeras (Mogaveeras), Moilies (weaver caste), Ganigas (oilmaker caste), Achary (carpenter caste), Kelasi (barber caste), Kumbara/Odari (potter caste), Vishwa karma (goldsmith caste), who like Billavas belong to the lower strata of the society. Further, while on the one hand, the Basel Mission faced a serious problem when the converts were ruthlessly expelled from the caste system, became jobless, homeless and economically helpless for having embraced Christianity, on the other, the missionaries objected to the Billavas' toddy trade, as the mission objected to everything connected with alcohol, as it was unacceptable to the moral ethics of the new religion.

Missionaries then created safe havens for new converts and called them »mission compounds« by which they were uprooted from their culture and given instructions into a new culture, a new way of living. At some places missionaries enabled the new Christian converts to become agriculturists and farmers, the only major difference now being that they paid their yearly lease money/agricultural produce not to the ›landlord‹ of the prevailing feudal system, but to the mission. In some other instances those who gave up the caste professions were rehabilitated with honour by teaching them new trades such as weaving, bookbinding, printing, watchmaking, tailoring, working together in tile factory or foundry. The method of rehabilitation, though, had positives, too; such as erasing their former caste distinction based on professions. They began their life afresh as Christians and followed a new calling.

This paper is a very modest attempt to explore the journey of the BM Christians from mission compounds towards becoming a borderless Church, by enumerating the theological developments exemplified by three important theologians: one Hermann Moegling, the founder of the BM theological faculty in Mangalore; Channappa Uttangi, a pastor who studied at the faculty at the turn of the 20th century; and Stanley Samartha, the first Indian principal of the faculty, in order to explore nuances of inter-religious, inter-cultural theology developed in the Basel Mission community in India.

Hermann Moegling (1811–1881) – bridge-builder between cultures

Hermann Moegling is the pioneer who brought a newness to the Basel Mission communities in the first half of the 19th century. Hermann Moegling was born in 1811 in Gueglingen, Germany, and had his university education at Tuebingen. Seeing his expertise in languages and his missionary zeal, he was sent to India by the Basel Mission as their missionary. He arrived in Mangalore in 1836. As soon as he arrived, he started learning Kannada with the help of a Munshi. The views expressed in his diary as he embarked on an exploratory journey of his mission field in India tell us how committed he was to the cause of the Gospel. He strategized, he planned as he preferred to choose areas of initial operation, and he visited and surveyed every temple, every place of the *bootha* or devil cult, looking for openings and opportunities. He sounds like a well-trained soldier. Gospel propagation was conceived like a war to win the souls of wretched sinners for the Lord. In 1837, only a year in to his arrival with little knowledge of Kannada, he went to Hubli-Dharwad to take up missionary work. While in Hubli, he wrote the religious text *Hrudaya darpana* which typically and pictorially depicts the 19th-century mission strategy of rejecting and replacing the other culture and religions.

However, on his journey he met with people who received him with warm hospitality. He had an intensive and cordial interaction with the *Lingayat* Moorusavira matha and *Kalagnanis*, a prophetical sect within Lingayats who showed initial enthusiasm. He got deeply involved in an intellectual, religious dialogue that, unknown to him, became an epithet of Indo-German inter-cultural exchange and learning. And when he started schools in Hubli, Dharwad, Mangalore and Kodagu, he received the support of willing collaborators. For Moegling, education was the right to information. Even when he went to Coorg in 1852, he opened schools to impart education to those who were denied the right to learn and were condemned to the margins. His envisioning a village to rehabilitate the socially and culturally discriminated working class was Moegling's attempt to give them education and human dignity.

In 1843 he started publishing a newspaper called *Mangalura Samachara*, the first Kannada fortnightly in lithography, and then had to transfer its publication to Bellary with a new name, *Kannada Samachara*, thus for the first time conceptualising and visualising the dream of Kannada Nadu (Land of the Kannada-speaking people). He is today known as the father of Kannada journalism for his pioneering work in Kannada journalism. The newspaper, in his opinion, was a window through which light shines and which also opens up and extends horizons. He thought that newspaper was also an instrument of social change and transformation, informing people of local happenings and giving them a global vision.

In 1847 he founded a theological school to train and equip indigenous missionaries in their own culture and language. He made it compulsory that students of theology learn Kannada texts of religious and cultural importance. His love for religious and cultural texts in Kannada, his readiness and openness to unearth and learn the treasures hidden in Kannada culture and heritage gave impetus to the collection of ancient manuscripts in Kannada. By collecting old palm leaf manuscripts, unearthing religious texts and Kannada poetry from old houses and *mathas* (temple complexes) and transcribing texts that were in the oral tradition, Moegling thoughtfully converted them to lithography. The ancient knowledge and wisdom hidden in classical texts, thus far controlled and known to only a select few, and the common people's philosophy enshrined in oral folklore were released out of dark, covered bushels and were brought to light. Indeed, it was an »*asathoma sadgamaya*« (from darkness into light) moment in the history of Kannada literature. Thus Moegling opened the Kannada *gnana gangothri* (source/origin of knowledge and wisdom in Kannada) for everyone to read and be enlightened and brought them into public discourse.

The Basel Mission was not enthusiastic enough to support Moegling's publishing venture. They could not grasp the depth and width of Moegling's vision. Casamajor, a retired British judge, was the financial security on which Moegling leaned as he collected medieval and modern Kannada prose and poetry and published it under the banner *Bibliotheca Carnatica*. The lithographical edition of Moegling's *Bibliotheca Carnatica* contains the following volumes: *Jaimini Bharata* (15th century); *Torave Ramayana* (15th century); *Dasara Padagalu* (15th–16th century); *Haribhakti Sara* (16th century); *Ravaneshwara Digvijaya* (18th century); *Kumaravyasa Bharatha* (15th century); *Basava Purana* (15th century); *Channabasava Purana* (16th century); *Kannada Gadegalu* (folklore).

Bibliotheca Carnatica enabled other missionaries to learn and appreciate the richness of Kannada language and culture. It helped them to learn Kannada in its grammatically correct and pure form, to study classical texts in Kannada and to do culturally and religiously relevant theology. Most importantly, *Bibliotheca Carnatica* not only introduced to the Kannada world till then unknown Kannada poetry and prose, but also helped in recording the various stages in the development of classical Kannada between the 15th and the 18th centuries. *Bibliotheca Carnatica* was therefore the maiden printed text in the Kannada language and thus had enormous historical significance.

The very fact that Hermann Moegling also translated some of these Kannada texts and poetry into the German language, especially parts of *Jaimini Bharata*, in his own words, in order to introduce the Europeans to the cultural and religious richness of India indicates the conversion of sorts of a Basel Mission missionary, implying that conversion is a dynamic process. In Moegling, we have an early model of intercultural and interreligious exchange and bridge-building.

Channappa Daniel Uttangi (1881–1962) – Bethlehem beckons Banaras

Channappa Daniel Uttangi was an eminent Kannada littérateur, folklorist and an authority on *Lingayat* religion. He joined the Basel Mission Seminary in 1904 for four years of theological studies. But for a critically independent thinker such as Uttangi, the seminary was a captivity of sorts. But he focused his attention on – almost on his own – an in-depth study of Indian and Western philosophies and religions. He also mastered languages such as English, German, Greek and Sanskrit.

Uttangi was well grounded in his context; hailing from a *Lingayat* background, he wanted to have an in-depth knowledge of the *Lingayat* religion. He wanted to see, perceive and understand Christ from his own Indian religious ethos and tradition. Uttangi knew that the truth is multi-dimensional and that one must be open to the aspects of truth as revealed not only in one's own religious tradition but also in others. Uttangi became the bridge of love between Christianity and *Lingayats*.

Uttangi used the method of comparative religions to understand and interpret the precepts, concepts and beliefs contextually and relevantly; for example, he explained the Christian discipleship using more common *Lingayat* concepts of the one who puts knowledge into action, (*Jangama*). Christian spirituality cannot be a static one (*Sthavara*), but needs to be like a dynamic flowing river. *Jangama* and that true spirituality (*bakthi*) would lead the disciple to the sublime integration (*Aikya*) of word and deed. This allowed people to understand the teaching of the church in a familiar terminology and philosophical framework.

Bethlehem beckons Banares is Uttangi's treatise where Bethlehem and Banares become symbolic metaphors for the kind of philosophical and linguistic conversation between Christianity and the *Lingayat* religion. His other work called *Christianity and Lingayata Dharma* is a comparative study of three strands of love – God's love towards humans, human response to God's love and love for one another in a faith community. Uttangi's interaction with *Lingayats* helped him to rediscover, reaffirm and reinterpret contextually the religious concepts of justice, equality of human beings, equality of men and women, freedom of conscience, dignity of honest labour as service to God.

As an evangelist he never confined himself to the four walls of the Church. On the one hand, he continued his quest for deeper knowledge of other religions, on the other, he developed close contacts with learned men of literary, religious and cultural circles. Uttangi was called to occupy the chair of the All Kannada Literary Congress twice, a unique honour given to a Christian pastor.

The mission establishment, including a section of the Christian community, misconstrued his sympathy/support for nationalism, the Gandhian movement, »Swadeshi«, self-rule and indigenisation of the Church and openness towards other religions.

In 1924 Uttangi published his magnum opus ›Vachanas of Sarvajna‹ which was a fruit of years of his arduous labour. In fact, the study of Sarvajna had led Uttangi to acquire a great in-depth knowledge of the *Lingayat* religion, its history and philosophy. The people of Karnataka hailed Uttangi for making the 14th-century great sage and saint namely Sarvajna a household name once again.

Anubhava Mantapa was an academy of mystics, saints and philosophers of the *Lingayat* faith in the 12th century. It was the fountainhead of all religious and philosophical thought pertaining to the Lingayats. Uttangi's research article on the »Historical authenticity of *anubhava mantapa*« resting on the firm rock of theism gained him the affection of the *Lingayats*.

One of the remarkable works of this period was his service rendered to the Harijans of a remote village called Kanavalli. Facing all the resistance and odds, and all the time appealing to and persuading the caste Hindu community to support him in the name of Basavanna and Gandhi, Uttangi brought a remarkable transformation in the lives of those Harijans, who were steeped in poverty and illiteracy and socially ostracized. The ideals of Jesus, Gandhi and Basavanna were basically Uttangi's inspiration behind this remarkable work. The way he used the spiritual resources from Christian faith, Basavanna and Hindu sages and saints in his struggle against casteism in the Kanavalli village makes it crystal clear that for him inter-religious dialogue was *Faith in Action*, living out the spirituality of combat in a religiously pluralistic society.

Uttangi always understood himself as »*Christa Kinkar*« (servant of Christ). He found Jesus' life fascinating, and he adored him as his Lord and Saviour. Christ had captured Uttangi totally. This, however, did not prevent Uttangi from being open towards other faiths and learning from them and understanding Christ from their perspective. The remarkable aspect of Uttangi's inter-faith endeavour was never an academic/theoretical exercise, but always a life-affirming encounter.

Uttangi was a nonconformist revolutionary who defied dogmatic rigidity, orthodoxy and exclusivism, who fought for the freedom in the matters of faith, freedom in Church and freedom of thought. He was a seeker of truth. He wanted to understand and discern the shades of truth that were revealed in and through Jesus. Uttangi's faith perspectives were always inclusive. His deep Christo-centric faith did not stop him from being open to the other religions and culture. Rather they appear to have enriched him in his own Christian spirituality.

Stanley J. Samartha (1920–2000) – between two cultures

Samartha was reared in the Basel Mission tradition and piety. He was a person who strove to cross the frontiers all his life, without alienating himself from his roots. He found himself in the intersection of cultures and religions. His self-understanding was that of being unmistakably an Indian and distinctively a Christian. Stanley Samartha was the first Indian principal of BEM Seminary Mangalore who later went on to become the first Director of the Department of Interreligious Dialogue at WCC.

He was deeply concerned about the quality of theological education for the continuation of the mission of God, as disciples of Jesus Christ, especially in the Indian and Asian context. A relevant and effective theological education should be committed to and rooted in the faith in Jesus Christ and be open to the insights, resources and challenges coming from our religio-cultural heritage. He says, and I quote:

> »The critical function of Christian theologians in India and elsewhere is to speak and write courageously against uncritical conformity to tradition, emphasizing that devotion to Christ and discipleship of Jesus in the face of the striking changes taking place in contemporary history demand changed attitudes on the part of Christians to their neighbours in the country and in the world. They need to raise new questions, suggest new answers and broaden the theological space for critical discussion in the freedom of the Spirit within the koinonia of the church.«

Stanley Samartha patiently persisted in exploring the theological issues involved, listening to questions and doubts, taking seriously the reservations expressed, but never wavering in his conviction that the churches had to move beyond their traditional exclusivist understanding of truth and of God's presence in a world of cultural and religious plurality.

He was very much concerned that the Indian Church should surmount its ghetto mentality and become outgoing, if it were to take deep roots theologically in the Indian soil and if it were to remain faithful to the mission to which it had been called. Inter-religious dialogue for him was an integral part of Christian mission itself – mission of bearing witness to and being the channels of God's love as it was manifested especially in the life, death and the resurrection of Jesus Christ. Dialogue meant to him a silent revolution in terms of attitudinal change and willingness to listen to one another and to allow the other person to be his/her own spokesperson. It is the willingness to see God at work everywhere, without giving up the integrity of the Christian faith and witness. It has to enable Christians to interact with others in mutual trust and respect so that mission can be carried out not only for others but also together with others.

He saw the uniqueness of Jesus' unique ability to evoke wide-ranging positive responses from people of other faiths and ideologies. In this he observed that Jesus was *advitiya*, the unique one. Hence, he felt that as Indian Christians we need to listen to others and take their perception of Jesus Christ seriously. The questions of dialogue with Hinduism have everything to do with the relationship between Hindus and Christians in daily life in India and with the position of the small church communities in the midst of the dominant Hindu culture. At the time two theological treatises making waves in the Indian Christian horizon were *Unknown Christ of Hinduism* and *Acknowledged Christ in Indian Renaissance*, to which Samartha added a third: *The Hindu Response to the Unbound Christ*.

He begins his book by stating his conviction that »*Christ has already made, and continues to make, an impact on the heart and mind of India*«. The Church must explore that point, in which case Christianity will not be in competition with Hinduism but in a position to cooperate. For the Church does not possess Christ – that is Samartha's constant argument. Christ is »unbound« and thus universally accessible. In the modern period there are also Hindus who attach great value to this universality and accessibility of Christ. They have responded to the unbound Christ in their own way.

Samartha starts with this theme in his own Christology. He deliberately chooses the monistic tradition as the starting point for Indian theologizing. Though he knew the pitfalls and limitations of Sanskrit tradition fully, he claims that »*The all-inclusiveness of the advaita approach has a certain generosity and magnanimity which is reflected in the approach of neo advaitins to other reli- gions*«. This attitude breaks through the hostility between the groups in the pop- ulation. Though the translator of his book *The Hindu Response to the Unbound Christ* into German was Friso Melzer, a former Basel missionary, he obviously felt little affinity for Samartha's work: In his foreword he writes that he does not agree with the book's argument, but that the translation could in any case show that advaita does not offer any promise of a Christology. Samartha holds that the Christian faith can teach something to India precisely on this point. After all, if God's love is visible in the life of Jesus Christ and in his death and resurrection, then not only his life story but history in general receives a new meaning. For Samartha, it is always the earthly history of Jesus of Nazareth, with the cross and resurrection, that continues to determine the image. His Christology is thus called a »cosmic Christology from below«. His theological thinking is character- ized by his attempt to hold together commitment and openness, knowing that God is always more than our limited and finite perceptions of God. Samartha claimed that one can see that Christ is already present in Hindu religion and thought. Perhaps Samartha was ahead of his time in claiming that Christians should not be in competition with Hindus in replacing Hindu deficiency with

Christian uniqueness, but should look out for the possibilities of working with Hindus in seeking together the fullness of Christ and His work.

Samartha continued the explorations of a revised Christology and of the relationship of the Holy Spirit to people of other faith traditions, both issues which had been identified in ecumenical consultations as needing further reflection. Some of his writings *One Christ – Many Religions. Toward a Revised Christology* claim courageously that the Spirit of God is not the monopolistic possession of the Judeo-Christian tradition. Samartha argued that one can easily identify the works of the Holy Spirit outside the walls of the Christian Church. He also asked his fellow Christians to think of the possibilities of the work of the Holy Spirit in the struggles of liberation, renewal, restoration and reformation.

Samartha argued that while carrying out the mission of God, one must recognize the presence of the Holy Spirit in the renewal movements of other religions without losing his or her commitment to Jesus Christ. Samartha said, God's mission cannot be limited by temporal factors, and while the mysterious action of the Holy Spirit cannot be bound by visible communal walls, Christian mission has a beginning in the incarnation of God in Jesus Christ, in His life, death, resurrection and the coming of the Holy Spirit. It is in developing his understanding of mission that Samartha calls for replacing the word mission with witness. It is Samartha's conviction that witness would help Christians not only to claim the Lordship of Jesus Christ in their diaconal ministry, but also help them bring the message of hope to people struggling with various issues and situations.

He claimed that the politicization of religions has a tendency to tear the fabric of society. Dialogue will help to bring harmony and peace among religions and also enable people to establish harmony with one another in addressing human needs. Such dialogue should be carried out without any fear of converting one another to each other's faith. In order to do this effectively, Samartha saw the need for a new definition of evangelism; retelling of the story of Jesus of Nazareth, sharing with people the good tidings about him with joy and humility.

Calling for a better understanding of evangelism and also claiming that mission is wider than evangelism, Samartha said that in countries such as India, churches should see that Christians make an attempt to transform the society by using images of light, salt and leaven, of the seed growing by itself in secret. Samartha calls us to hold together Christian commitment and openness, knowing that God is always more than our limited and finite perceptions of God.

In the quest of a borderless church

Today we live in a neo-colonial, capitalistic world where exclusive communities, club memberships and ›gated‹ communities are emerging. In such a scenario, how can the Church become a borderless community, discovering and acknowledging Christ among people of living faiths and religions? In the quest of a borderless church, is it possible to do a theology of ›hospitality‹ as a hermeneutical key? The theological understanding of a borderless community begins with faith in one God, the Creator. God's glory penetrates all creation. It is in the act of creation that ›relationships‹ are designed and expressed. Everything created is ›related‹ to each other, and God relates Himself to creation. The theological themes of the call, the election reflect God's readiness to relate and extend relationship to all.

Jesus extended hospitality to those at the margins of society and those who experienced rejection and marginalization, the small and the least, the poor, the women, the children. The evangelists' theological reflections affirm that hospitality to strangers and acceptance of others is communion with the risen Christ. The biblical understanding of hospitality is not just charity and generosity, but a radical openness based on the affirmation of dignity and justice for all.

Willingness to accept others in their otherness is the hallmark of hospitality. ›Hospitality‹ is both the fulfilment of the command to love our neighbours as ourselves and also an opportunity to encounter and discover God anew, to stand where Jesus stood, to recognize the need and to demonstrate and experience empathy. Hospitality creates space for mutual understanding, transformation and even reconciliation. It is an opportunity and a risk.

The Old Testament prophet of social justice, Micah, encourages us with his beautiful metaphoric exhortation: »but they shall all sit under their own vines and under their own fig trees, and no one shall make them afraid«. A community enjoying the fruits of its labour, engaged in sharing knowledge, wise reflections, without fear from within and without, in fuller freedom, and in the presence of the Lord truly reflects a secular community.

Our own Nobel Laureate Rabindranath Tagore dreamt of such a secular land, and called it haven of freedom – where the mind is without fear and the head is held high, where knowledge is free, where the world has not been broken up into fragments by narrow domestic walls, where words come from the depths of truth, where tireless striving stretches its arms towards perfection, where the clear stream of reason has not lost its way into the dreary desert sand of dead habit, where the mind is led forward into ever-widening thought and action into that haven of freedom, my father, let my country awake.

The secular space should not be corrupted by divisive and exclusive voices, but should promote secular spirit of inclusiveness, pluralism, peaceful and just growing together of all people. If we proclaim *Dharma*, to convert communities to the transforming vision of *Saddharma*, we will already have a foretaste of the new humanity.

(Pfr. Dr. D. Rathnakara Sadananda ist Generalsekretär der Church of South India und lehrt Neues Testament am Karnataka Theological College)

Umgang mit dem Fremden und den Fremden

David Plüss

Den grundsätzlichen Überlegungen zum Fremdsein stelle ich ein Fallbeispiel voran, das das komplexe Verhältnis Fremdheit und Mission wie durch ein Brennglas verdeutlicht. Die *Lighthouse Chapel*-Gemeinde in Basel ist eine kleine Migrationsgemeinde von etwa 35 Personen, die Kinder mitgezählt. Alle Mitglieder sind afrikanisch stämmig. Die Gemeinde gehört einer Ghanaischen Mega-Church an und betreibt bei uns, so konnte in der Basler »TagesWoche« gelesen werden, *reverse mission*, Umkehrmission. Nachdem der afrikanische Kontinent in den letzten 200 Jahren von Europa aus missioniert wurde, wollen nun Menschen aus Afrika Europa missionieren.[1] Sie haben sich die Missionierung Europas darum zum Ziel gesetzt, weil es sich hier um einen – in ihrer Sicht – besonders dunklen und gottlosen Kontinent handelt. Die Säkularisierung unserer Gesellschaft und der Zerfall der Sitten werden beklagt, seien Symptome des Niedergangs und der Gottlosigkeit.

Das Befremden angesichts einer solchen Interpretation und missionarischen Avance hat viele Facetten. Ich nenne drei: Fremd sind uns zunächst die Menschen selber. Sie sind von einem anderen Kontinent, von einer anderen Kultur und Bildungsschicht. Es gibt kaum Berührungspunkte und Möglichkeiten, sich zu begegnen und kennen zu lernen. Mit großer Wahrscheinlichkeit werden den meisten von uns diese »Schwestern und Brüder« in Christus fremd sein und bleiben.

Befremdlich wird den meisten aber auch ihr Christentum, ihr Glaube sein: ein Glaube mit scharfen Konturen, der unterscheidet zwischen Gott und Abgott, zwischen dem Reich des Lichts und dem Reich der Finsternis. Oder konkreter: der Glaube an Satan und böse Geister, die Menschen oder ganze Städte in Beschlag nehmen und die Geschlechterrollen und die Sexualität pervertieren. Die »geistliche Kampfführung« ist uns fremd, mit der diese Geister in die Flucht

---

[1] Vgl. dazu auch die Ausführungen von Andreas Heuser in diesem Heft.

geschlagen werden sollen. Ja überhaupt die massiven, personalisierten Vorstellungen von guten und bösen Mächten wie auch der Glaube, diese eindeutig benennen und beurteilen und sie mit Gebeten beeinflussen zu können.

Fremd ist vielen von uns ihr Verständnis von *Mission*, das darauf abzielt, die geistlichen Machtverhältnisse zu beeinflussen und Menschen vom Reich der Finsternis ins Reich des Lichts zu retten. Nicht, dass dieses Verständnis biblischer Grundlagen entbehrte und innerhalb der Christentumsgeschichte einen Fremdkörper darstellte. Das Gegenteil ist der Fall. Gleichwohl haben die meisten erhebliche Vorbehalte gegenüber einem solchen Missionsverständnis entwickelt. Es ist ihnen fremd geworden.

Was folgt aus diesem dreifachen Befremden für die Frage des Fremdseins an sich? Ich ziehe eine knappe Zwischenbilanz:

Das Befremden, das viele angesichts der *reverse mission* einer Migrationsgemeinde empfinden, ist nicht in erster Linie der kulturellen Fremdheit der Mitglieder geschuldet, weder ihrer Sprache noch ihren Essgewohnheiten oder ihrem Verhalten. Es sind vor allem die christlichen Vorstellungen und Motive, die uns befremden. Vorstellungen und Motive, die sie biblisch begründen und die sich *nota bene* tief in die Christentumsgeschichte eingeschrieben und eingefurcht haben. Sie sind uns womöglich darum besonders fremd und befremdlich, *weil* sie aus der eigenen Geschichte herstammen. Das Fremde als das verdrängte oder jedenfalls abgelehnte Eigene. Das Fremde als derjenige Teil der eigenen Herkunft und Geschichte, den wir schamvoll bedecken und uns nur dann vergegenwärtigen, wenn wir dazu genötigt werden. Es ist das *nahe Fremde*, das uns in besonderer Weise befremdet.

Es ist kein Zufall, dass viele von uns auf religiöse *Bekehrungsversuche* besonders allergisch reagieren. Religion betrachten die meisten Westeuropäerinnen und Westeuropäer als unsere ureigene, persönliche Angelegenheit, die wir diskret schützen, über die wir nicht oder nur im engsten Familienkreis gelegentlich sprechen und die wir in einer Weise pflegen und weiter entwickeln, wie es uns gefällt. Ungefragte Einflussnahmen von außen lehnen wir ab. Entsprechend ist uns auch das Ansinnen fremd, die religiöse Einstellung von anderen zu beeinflussen, sie zu verändern. Und fremd ist vielen die Vorstellung, sich in eine verbindliche Gemeinschaft einzugliedern, die ihre Grenzen durch strikte Normen zieht, deren Nichteinhaltung sanktioniert wird – auch wenn gesagt werden muss, dass freikirchliche Gemeinden genau so verfasst sind[2] und offenbar einem Bedürfnis in unserer spätmodernen Gegenwart entsprechen.

Demgegenüber scheint die Fremdheit der Kultur eher ungefährlich oder sogar interessant und attraktiv. Wenn die Migrantinnen und Migranten an Straßenfesten ihre Gerichte kochen und darreichen, kommen sie damit bei den Einheimischen in der Regel sehr gut an. Die Ausweitung des kulinarischen Angebots über Bratwürste und Kebab hinaus wird von vielen als kulturelle Bereicherung erlebt und geschätzt.

Damit komme ich zu meinen grundsätzlichen Überlegungen zum Fremdsein. Ich gliedere diese in fünf Kategorien.

Fremdheit als Erfahrungskategorie

Es ist fast schon banal zu sagen, dass Fremdsein zunächst eine subjektive und standpunktbezogene Kategorie darstellt. Was der einen fremd ist, ist dem anderen bekannt oder vertraut. Daraus folgt: Fremdheit ist eine Kategorie der Wahrnehmung und der Zuschreibung. Sie haftet einem Gegenstand oder einer Menschengruppe nicht an, sondern wird von den Wahrnehmenden je und je zugeschrieben. Sie ist eine bestimmte Weise des Interpretierens und Beurteilens.

Damit ist auch gesagt: diese Zuschreibungen sind nicht nur subjektiv und standpunktbezogen, sondern auch hochgradig veränderlich. Was mich heute befremdet, kann mich morgen unberührt lassen oder mich sogar anziehen oder zumindest interessieren.

Hinzu kommt: Die Faktoren, die zu einer bestimmten Zuschreibung führen, sind nicht nur und auch nicht in erster Linie kognitiver Art. Die Anmutungsqualitäten einer Fremdheitserfahrung sind vielmehr atmosphärische und emotionale. Es sind, wie der Kulturwissenschaftler Gernot Böhme ausgeführt hat, in den Raum ergossene Gefühle, die uns ergreifen und uns eine bestimmte Zuschreibung vornehmen lassen.[3]

Wir sind, so lässt sich folgern, in Fremdheitserfahrungen nicht gänzlich Herren im eigenen Haus. Wir entscheiden uns nicht dafür, eine Sache oder ein Verhalten oder einen Menschen als befremdlich zu erfahren, sondern diese Erfahrung *widerfährt* uns, sie drängt sich uns auf. Wenn wir Fremdheit erfahren und

---

[2] Vgl. dazu die instruktive Studie von Jörg Stolz/Olivier Favre u.a., Phänomen Freikirche. Analysen eines wettbewerbsstarken Milieus, Zürich 2014.

[3] Vgl. Gernot Böhme, Atmosphäre. Essays zur neuen Ästhetik, Frankfurt a. M. 1995; Gernot Böhme, Anmutungen. Über das Atmosphärische, Ostfildern vor Stuttgart 1998.

uns dessen bewusst werden, sind wir immer schon drin, unentrinnbar, unhinter-
gehbar.

Diese Einsicht in die Fremdheit als Erfahrungskategorie relativiert und kon-
textualisiert das erfahrene Befremden. Das Fremdsein haftet den Fremden nicht
an, gehört nicht einfach zu ihrem Wesen, sondern entsteht in der Begegnung, ist
eine Zuschreibung dessen, der das Befremden erfährt und kann gegenseitig oder
einseitig sein. Wir können diese relativieren und kritisch hinterfragen, allerdings
nicht gänzlich über sie verfügen. Wir sind ihr auch ausgeliefert.

Fremdheit als anthropologische Kategorie

Man kann noch einen Schritt weiter gehen: Fremdheit nicht nur eine Kategorie
der Wahrnehmung, sondern auch eine anthropologische Kategorie. Wenn uns
dies klar wird, verringert sich ihr toxisches Potential. »Fremde sind wir uns
selbst«, hat die bulgarische Psychoanalytikerin und Philosophin Julia Kristeva
ihre Analysen des Fremden in der Neuzeit übertitelt und damit auf den Umstand
verwiesen, dass das Fremde nicht nur von außen auf uns zukommt, sondern uns
auch von innen her widerfährt, ein Teil ist von uns selber.[4] Wir sind nicht Herren
im eigenen Haus, so lehrt uns Sigmund Freud in Bezug auf das Unterbewusst-
sein, das sich zum Bewusstsein verhalte wie der riesige Teil des Eisbergs unter
Wasser zur Spitze, die aus den Fluten ragt. Wir verfügen nur zum Teil über unser
Leben. Es ist meist nicht die hellwache, die nüchterne Ratio, die am Steuer sitzt,
sondern es sind bestimmte Bilder und Phantasien, die uns anziehen oder absto-
ßen, Stimmungen, die uns drängen oder blockieren, Klänge und Rhythmen, die
uns in Bewegung setzen: Zug- und Stoßkräfte, die auf uns einwirken und die wir
nicht steuern.

Wenn wir auf diese irrationalen und zuweilen befremdlichen Seiten in uns
blicken und uns mit ihnen befassen, dann wird auch der Zusammenhang zwischen dem befremdlichen Fremden in unserer Lebenswelt und dem Fremden in
uns deutlich – und die Fremden verlieren im besten Fall das Verstörende und
Bedrohliche.

Der jüdische Philosoph Emmanuel Lévinas hat diese psychologische und kul-
turgeschichtliche Analyse um zwei wesentliche Punkte ergänzt: Er hat gezeigt,

---

[4] Vgl. Julia Kristeva, Fremde sind wir uns selbst, Frankfurt a. M. 1990

wie sehr die Philosophie- und Mentalitätsgeschichte des Abendlandes durch das totalisierende Bemühen bestimmt ist, sich das Fremde als Fremdes anzueignen, seine Fremdheit auszulöschen oder sie zumindest unschädlich zu machen. Dieses Bemühen gipfelte nach Lévinas philosophisch in Hegels Systemdenken und politisch im Totalitarismus und im Nationalismus.

Zugleich hat Lévinas unermüdlich darauf hingewiesen, dass der Mensch nicht Ursache seiner selbst ist und dass er seiner Menschlichkeit verlustig geht, wenn er nicht erkennt, dass und in welchem Ausmaß er vom Anderen, vom Fremden her ist, was er ist; *Ich sagen* heißt für Lévinas: antworten auf einen Ruf, der vom bedürftigen Anderen an mich ergeht: *Wo bist Du? – Hier bin ich!* Menschsein heißt für Lévinas antworten und Verantwortung tragen für den schutzlosen Anderen, der mich anblickt und anspricht.[5]

Fremdheit als kulturelle Kategorie

Fremdheit ist nicht nur eine wahrnehmungstheoretische und anthropologische, sondern auch eine kulturelle Kategorie. Gruppen, Gesellschaften und Kulturen sind keine homogenen Größen, sondern sie sind durchsetzt von Fremdem. Einerseits wird die jeweilige Gruppenidentität durch die symbolische Aufladung des Anderen und Fremden hergestellt und fortwährend stabilisiert, andererseits durchfurcht, zergliedert und sprengt das Andere und Fremde Gruppen und Gesellschaften immer schon von innen her auf, gefährdet deren Zusammenhalt und Identität. Dies war in der mittelalterlichen Ständegesellschaft der Fall, verstärkte sich in der Ausdifferenzierung der bürgerlichen Gesellschaft in Subsysteme und spitzt sich in der spätmodernen Gegenwart noch zu, wie die kursierenden soziologischen Milieustudien zeigen. »Fremde sind wir uns selbst« – dies gilt auch und gerade für unsere westeuropäischen Gesellschaften. Bildungsschicht und Lebensstil, Grundwerte und kulturelle Präferenzen verbinden Menschen unterschiedlicher Kulturen weltweit und trennen sie von Menschen des eigenen Kulturkreises.

---

[5] Vgl. dazu Emmanuel Lévinas, Humanisme de l'autre homme 1972.

Fremdheit als theologische Kategorie

Fremdheit ist nicht zuletzt auch eine theologische Kategorie. Abraham wird im Deuteronomium als »umherirrender Aramäer« bezeichnet[6], womit daran erinnert wird, »dass sich Israel aus Ausländern, Fremden und sozial Deklassierten herleitet und so ein aus Not und Unterdrückung entstandener Verband ist, der sich nun seinerseits solidarisch gegenüber Marginalisierten zeigen soll«[7].

»Der typische Fremde (im AT, Anm. DP) ist Wirtschaftsflüchtling, der seine Heimat wegen einer Hungersnot verlassen hat«.[8] Aber »auch Kriege können dazu führen, dass Flüchtlinge sich als Fremde in Israel niederlassen«. Fremde werden wie ein Zwirn in die Geschichte des Volkes Israel eingedreht: So die Moabiterin Rut, die zur Urgroßmutter Davids wird, die Keniterin Rahab aus Jericho, die israelische Kundschafter versteckt und so zur Einnahme der Stadt beiträgt, oder der moabitische Prophet Bileam, der Israel segnen muss, auch wenn er es verfluchen will.

Wenn sich die Psalmbeter als Fremdlinge und Beisassen bezeichnen und mit ihren Ur-Vätern vergleichen, dann mutiert die Fremdheit von einer kulturellen und wirtschaftlichen zu einer theologischen Kategorie: Sie bezeichnet die Angewiesenheit auf Gottes Beistand, die Heimat einzig bei Gott.

In der Bibel wird Fremdheit allerdings nicht beschönigt. Sie ist und bleibt eine ambivalente Kategorie. Die Fremden bedürfen des Schutzes der Ansässigen, gerade weil Ihre Situation wirtschaftlich und rechtlich prekär ist. Und sie werden immer wieder auch als Gefahr hingestellt, als solche, die den Jahwe-Glauben mit Baals-Kulten aufmischen – wie die Phönizierin Isebel.

Auch im Neuen Testament ist die Bewertung der Fremden und des Fremdseins ambivalent: Einerseits sind die nichtjüdischen Christusgläubigen die Fremden, die wie wilde Triebe dem guten Ölbaum Israels eingepflanzt wurden (Rö 11,17), oder wie ein Flüchtlingstreck in der Wüste, der auf das verheissene Land, ein erfülltes Leben bei Gott aus ist (Hebr passim). Andererseits werden sie als Kinder Gottes, als Freigelassene und Erben des Reiches der Himmel bezeichnet, die der Sklaverei für immer entronnen sind. Und drittens wird die Kategorisierung

---

[6] Dt 26, 5–10, seit Gerhard von Rad als »kleines geschichtliches Credo« bezeichnet.
[7] Art. Credo, kleines geschichtliches, URL: https://www.bibelwissenschaft.de/wibilex/das-bibellexikon/
     lexikon/sachwort/anzeigen/details/credo-kleines-geschichtliches/ch/ (Zugriff am 19.09.2015).
[8] Christa Schäfer-Lichenberger, Art. Fremde / Flüchtling, in: Sozialgeschichtliches Wörterbuch zur Bibel,
     158–162.159.

in Ansässige und Fremde von Christus her unterlaufen: Denn »da ist weder Jude noch Grieche, da ist weder Sklave noch Freier, da ist nicht Mann und Frau. Denn ihr alle seid eins in Christus Jesus.« (Gal 3,28).

Ich ziehe nach dieser etwas kühnen kulturgeschichtlichen, philosophischen und biblisch-theologischen Tour d'Horizon ein kleines Fazit:

1. Fremdheit ist und bleibt eine Grundkategorie des Menschseins, die diesen als soziales Wesen bestimmt und durchzieht.

2. Fremdheit ist und bleibt eine ambivalente Kategorie, die sowohl Freiheitspotentiale enthält als auch Gefährdungen und unmenschliche Abhängigkeiten.

3. Und Fremdheit ist eine relative Kategorie, die sich immer wieder verschiebt und verändert, die sich verfestigt und wieder aufhebt bzw. um Gottes und des Menschen willen aufgehoben werden soll.

Fremdheit als missiologische Kategorie

Ich schließe meine Auslegeordnung mit einer Antwort auf der Frage, wie Fremdheit denn als missiologische Kategorie theologisch zu denken wäre. Ich formuliere aus Zeitgründen in thetischer Knappheit: Mission ist zunächst und vordergründig eine Strategie zur Überwindung von Fremdheit, welche aus prinzipiellen Gründen nicht zum Erfolg führt bzw. nur dann zum Erfolg führt, wenn sie scheitert. Mission ist erst dann wirklich »erfolgreich«, wenn die Dichotomie von Missionierenden und Missionierten aufgehoben wird und Mission humanisierende und befreiende Wirkungen zeitigt, und zwar für alle Beteiligten. Wenn sie zu Konversionen oder Transformationen, wenn sie zu Identitätsgewinn und Orientierung durch die Begegnung mit dem Anderen führt.[9]

[9] Damit ist Mission nicht theologisch, sondern alteritätstheoretisch bestimmt.

Missionarische Praxis der Migrationskirchen

Bianca Dümling / Esther Imhof

Die Referentinnen geben anhand von Beispielen Einblick in die Vielfalt der missionarischen Praxis von Migrationskirchen in der Schweiz und in Deutschland. Anschließend diskutieren die Teilnehmenden, welche Impulse sich daraus für die Landeskirchen gewinnen lassen.

Die Vielfalt der missionarischen Praxis von Migrationskirchen: Beispiele

Mission im Sinne von Gemeindewachstum ist ein allgegenwärtiges Thema in Migrationskirchen: Unermüdlich wird dafür gearbeitet, gehofft, gebetet, dass mehr Menschen den Weg in die eigene Gemeinde finden. Wenn es darum geht, *wer* mit dem christlichen Glauben in Kontakt gebracht werden soll und *wie* auf die Leute zugegangen wird, besteht große Vielfalt. Während bei einigen die Vision der *reverse mission* stark ist und sie auch Schweizerinnen und Schweizer bzw. Deutsche evangelisieren wollen, konzentrieren sich andere ganz auf ihre Landsleute, wieder andere gehen bewusst auf Zugewanderte verschiedenster Nationalitäten zu.

- In der Jahresagenda, welche die *Oikos Tamil Church* für ihre Mitglieder druckt, findet sich zuvorderst eine leere Seite mit der Überschrift »Schreiben Sie die Namen derer, die Sie in diesem Jahr retten«. Jedes Gemeindemitglied ist dazu aufgerufen, (Lands)leute im eigenen Umfeld für den christlichen Glauben zu gewinnen.
- Die nigerianische *Jesus Miracle Harvest Church*, ist als einzige Kirche in einem »sozialen Brennpunkt« Berlins präsent und hat dies als ihre Aufgabe und Chance erkannt. Sie engagieren sich sozial und politisch, haben u.a. einen Integrationsverein gegründet, und konnten so Migrantinnen und Migranten verschiedenster Nationalitäten anziehen.
- Acht brasilianische Kirchen in Zürich haben am 31. Oktober 2014 einen *Reformationsmarsch* quer durch die Innenstadt organisiert, um der Bevölkerung der Zwinglistadt vor Augen zu führen, dass dieser Tag nicht einfach

nur *Halloween* bedeutet. Rund 400 Personen aus brasilianischen und anderen Migrationskirchen sowie Schweizer Freikirchen zogen mit.

Impulse für die missionarische Praxis der Landeskirchen: Diskussion

»Was beeindruckt uns an der missionarischen Praxis von Migrationskirchen, was stößt uns ab? Welche Anstöße nehmen wir für unsere eigenen Kirchgemeinden mit?« Im Bewusstsein, dass Dinge nicht eins zu eins übernommen werden können, sondern für den eigenen Kontext »übersetzt« werden müssen, wurden folgende Impulse für die Landeskirchen entdeckt:

- Migrationskirchen delegieren Evangelisation nicht an Spezialisten. Jedes Gemeindemitglied ist dazu berufen und befähigt. Sie sprechen Menschen in ihrem Umfeld an oder gehen von Tür zu Tür. Das beeindruckt.
- Wir möchten weniger dicke Mauern und mehr offene Türen haben. Ein gemeinsames Mittagessen nach dem Gottesdienst, um zusammen zu feiern, zu genießen und Leben zu teilen, wäre auch für landeskirchliche Gemeinden ein Gewinn.
- Bei den Migrationskirchen kann es die Gefahr geben, dass Menschen mit Jesus »überfahren« werden. Aber sich intensiv um den einzelnen Menschen in seiner Lebenssituation zu kümmern, ist/wäre auch bei uns wichtig.
- In lateinamerikanischen Kirchen liegen immer Taschentücher beim Altar bereit. Wie können Emotionen auch in unseren Kirchen mehr Platz erhalten?
- Wenn wir von Migrationskirchen lernen wollen, braucht es die Bereitschaft, gut zuzuhören und verstehen zu wollen: Welche Bedürfnisse verstecken sich etwa hinter der militärischen Sprache, die uns im ersten Moment abschreckt?

Am 19. September 1975 beschloss die Synode der Evangelischen Kirche in Deutschland die Gründung des Evangelischen Missionswerks in Deutschland, das Anfang 1977 in seiner Geschäftsstelle in Hamburg die Arbeit unter seinem ersten Direktor Martin Lehmann-Habeck aufnahm. Die vierzig Jahre seit dem Gründungsbeschluss beging das EMW in mehreren Veranstaltungen im Jahre 2015 in Hamburg und aus Anlass seiner Mitgliederversammlung in Herrnhut. Christoph Anders, Direktor des EMW, hat uns seinen auswertenden Blick auf die Jubiläumsereignisse zur Verfügung gestellt.

Es folgt ein Bericht von Gilles Vidal über die Jahrestagung des Centre de Recherches et d'Echanges sur la Diffusion et l'Inculturation du Christianisme (CREDIC), die vom 31. August bis 4. September 2015 in Neuendettelsau stattgefunden hat. (UD)

40 Jahre EMW. Ein Rückblick

Nachdem die verantwortlichen Organe des EMW entschieden hatten, die 40 jährige Existenz dieses Werkes 2015 festlich und studierend zu begehen, konturierten sich alsbald zwei Veranstaltungsschwerpunkte: Eine sommerliche Festveranstaltung mit anschließendem Studientag in Hamburg und ein besonderer Zuschnitt der Mitgliederversammlung (MV) im September in Herrnhut.

Im Folgenden werde ich auf inhaltliche Impulse aus beiden Veranstaltungen kurz eingehen, eine anlassbezogene Publikation beschreiben und abschließend einige Ausblicke anbieten.

1. Festveranstaltung und Studientag

Über 100 Menschen waren der EMW-Einladung am 18. Juni nach Hamburg in das Ökumenische Zentrum Hafencity gefolgt. Anwesend waren Repräsentanten/innen von Partner-Organisationen aus allen Kontinenten und den ökumenischen Weltbünden. Sie begegneten Vertretern/innen von EMW-Mitgliedern, sowie Weggefährten/innen aus Ökumene und Mission. Das Thema »Die Rolle der Religionen in heutigen Gesellschaften« wurde von Prof. Dr. Fernando Enns – Leiter der Arbeitsstelle Theologie der Friedenskirchen an der Universität Hamburg – aufgenommen. Er beschrieb die Aufgaben von Religionsgemeinschaften dahingehend, eine aktualisierte Ethik des Friedens aus ihren jeweiligen Traditionen heraus zu entwickeln und entsprechende Positionen ins interreligiöse Gespräch sowie in gesellschaftliche Diskurse einzubringen. Daraus könnten wichtige Potentiale der Versöhnung erwachsen.

In Interviewrunden unterstrichen ökumenische Gäste aus dem Nahen Osten, Indonesien, Indien, Ostafrika und Zentralamerika die Brisanz der Frage nach dem versöhnenden Potential von Religionen. Sie schilderten nachdrücklich, wie sich ihre Kirchen und ökumenische Zusammenschlüsse unabhängig von Mehrheits- oder Minderheitssituationen vor Ort für Frieden und Versöhnung einsetzen. Wie lokales und globales Handeln von Kirchen sinnvoll miteinander verbunden werden könnte – diese Aufgabe bleibt indes bestehen. Kirchliche Werke wie das EMW bieten in der Gemeinschaft seiner weltweiten Partner wichtige ökumenische Foren, um sie engagiert zu bearbeiten.

Am nächsten Tag fand – erstmalig in der EMW-Geschichte – ein »Internationaler ökumenischer Studientag« in den Räumen der Geschäftsstelle statt. Mehr als 100 Geschwister aus der Ökumene, Mitarbeitende aus den Stäben von Mitgliedswerken, -kirchen und befreundeten Organisationen und nicht zuletzt Stab und Vorstandsmitglieder des EMW füllten Räume und Gänge.

Zehn Workshops bildeten den Kern dieser Begegnung. Die Themenwahl kombinierte aktuelle Herausforderungen der Weltchristenheit mit besonderen Kompetenzen der ökumenischen Gäste und Schwerpunkten der EMW-Arbeit. Eine Auswahl: Bedrängte Christen, Transparenz und Korruptionsvermeidung, Religionsfreiheit in Indien und Ozeanien, Ökumenisch-theologische Ausbildung, sowie aktuelle missionstheologische Debatten.

Wie verhalten sich gegenwärtige Strukturen der ökumenischen Bewegung zu den tiefgreifenden Transformationen innerhalb der Weltchristenheit? Diese Frage stand in einem Podium im Zentrum. Es erbrachte eine facettenreiche Momentaufnahme, denn nicht wenige ökumenische Organisationen haben in ihren jeweiligen Kontexten anhaltende Schwierigkeiten, auf aktuelle Komplexitäten gemeinsam und angemessen zu reagieren. Die Situationen der jeweiligen Mitgliedskirchen unterscheiden sich voneinander oft ebenso deutlich wie deren

Theologien und Vorstellungen von Ökumene. In die Klagen über Schwächen mancher ökumenischer Organisationen mischten sich auch kritische Fragen, inwieweit Partner wie das EMW weiterhin Ressourcen in Erhalt und Stärkung solcher Strukturen lenken sollten.

Die anwesenden Repräsentanten/innen der Ökumene waren sich indes darin einig, dass etablierte ökumenische Strukturen es trotz nicht zu leugnender Reformbedarfe ermöglichen, drängende Fragen gemeinsam anzugehen. Als vereinzelte wären die Kirchen in den heftigen gesellschaftspolitischen Auseinandersetzungen weiter geschwächt, könnten Bedrohungen kaum begegnen und würden Chancen verschenken, sich fokussiert den entscheidenden Herausforderungen zu stellen.

Besonders im Nahen Osten konkurrieren derzeit zwei unterschiedliche Ökumene-Konstellationen: Neben der organisierten Ökumene mit historisch geprägten Profilen und spannungsvollen Fragen nach Identität und Einheit wird auf anderen Ebenen versucht, drängenden politischen Herausforderungen zu begegnen. Aus gemeinsam erlebten Bedrohungen entsteht eine Basis-Gemeinschaft, die sich als Ökumene des Lebens bewährt: »Alle sind vereint in Schmerz und Leiden«. So ist stets neu zu lernen, eins zu sein und zu werden, Einheit sichtbar, relevant und lebbar zu machen. Dazu bieten ökumenische Zusammenschlüsse und vergleichbare Strukturen zwar Hilfestellungen, aber wie sie aktuell agieren sollten, ist stets neu auszuhandeln. Theologische (Aus-)bildung und Qualifizierung, besonders von Menschen in kirchenleitenden Positionen, bleiben für ein gelingendes multireligiöses Zusammenleben von herausragender Bedeutung, um »geteilte Unwissenheit voneinander« mit reflexartigen Ablehnungen zu überwinden.

Wegen der wachsenden religiösen Militanz wird heute weltweit intensiv über das Verhältnis von Religionen und Politik diskutiert. In afrikanischen Staaten lässt sich ein enger Zusammenhang von Politisierung der Religion und der religiöser Aufladung von Politik beobachten. Religionsgemeinschaften wie Christentum und Islam verstehen sich selbst als weltumgreifend mit Potential auch für »negative Solidarisierung«: Was andernorts geschieht, kann im Rahmen universaler Gemeinschaft direkte Konsequenzen für den lokalen Kontext haben – und umgekehrt. Dies müsste von Kirchenleitenden und theologischen Lehrern in Afrika ebenso wie von muslimischen Gelehrten stärker reflektiert werden.

»Lernbereitschaft« erwies sich einmal mehr als Schlüsselbegriff auch für andere Zusammenhänge. So wären etwa im Umgang mit Transparenz und Korruptionsvermeidung schwierige Differenzierungen zu lernen. Angesichts vorfindlicher Faktizitäten könnte es nötig sein, eher mit Korruption als gegen diese in dem Sinn zu arbeiten, dass Grauzonen auszuleuchten sind, um Überblick zu erhalten, um Verwerfliches von gerade noch Hinnehmbarem, Akzeptablem zu unterscheiden.

Zwei Veranstaltungen, zwei Profile, eine fundamentale Einsicht: Als größtes Geburtstagsgeschenk präsentierten sich die hoch kompetenten Partner aus den Regionen der Welt und die ökumenischen Weggefährten/innen im eigenen Land.

2. Mitgliederversammlung

Auf Einladung der Evangelischen Brüderunität fand die Mitgliederversammlung (MV) des EMW vom 23.–25.9. in Herrnhut statt. Sie stand unter dem Titel: »oEkumenisch-Multilateral-Weltweit«. Mit ihrer gleichzeitigen und profilierten Präsenz unterstrichen drei Generalsekretäre von ÖRK, LWB und WGRK die Bedeutung der langjährigen Verbundenheit mit dem EMW als einem wichtigen Partner.

Die Sicht der jeweiligen Organisation auf Veränderungen in der Weltchristenheit wurde akzentuiert und darin die Kooperation mit dem EMW verortet. Dr. Olav Fykse Tveit (ÖRK) verknüpfte das Motto der ersten ÖRK-Vollversammlung (Amsterdam 1948, »We are committed to STAY together«) mit der Einsicht der 10. Vollversammlung (Busan 2013, »We are committed to MOVE together«) und dem »Pilgerweg der Gerechtigkeit und des Friedens«. Dieses Pilgern als Bewegung im Glauben und des Glaubens kann Menschen und Kirchen vereinen, sie in Bewegung setzen mit begründeter Hoffnung auf Veränderung. Unterwegssein und Suche nach vertiefter Einheit kommen zusammen.

Dr. Martin Junge (LWB) verwies auf das Engagement in Flüchtlingsbewegungen seit der LWB-Gründung (1947) und auf den Umstand, dass weltweit gegenwärtig mehr als 60 Millionen Menschen auf der Flucht sind. Kirchen hätten v.a. die Aufgabe, Regierungen an ihre Pflicht zur Solidarität mit Flüchtlingen zu erinnern. Dabei müssten auch interkulturelle Diskussionen über die Geltung von Werten geführt werden. In einer polyzentrischen Weltchristenheit sollten Zentrum – Ränder – Gegensätze überwindbar sein.

Pfr. Chris Ferguson (WGRK) möchte in seiner 2010 neu formierten Organisation die kraftvollen reformierten Traditionen bewahren und zugleich ihre z.T. abgrenzenden Einstellungen überwinden. Dabei spielt eine kluge Balance im

Einsatz für Einheit und für weltweite Gerechtigkeit (Bekenntnis von Accra!) eine wichtige Rolle. Denn die WGRK versteht sich weiterhin als kirchliche Bewegung, die auch auf Veränderungen von Gesellschaften zielt.

Einen weiteren Schwerpunkt bildeten Perspektiven Ökumenisch-Theologischer Ausbildung (TA) anhand der Beispielregion Lateinamerika. Bei unterschiedlichen Interpretationen der vorhandenen Krisenphänomene bestand Einmütigkeit darin, dass einer TA weiterhin hohe Priorität eingeräumt werden muss, die mit hoch flexiblen Formaten auf rasante Veränderungen angemessen reagieren kann.

Dr. Martin Robra (ÖRK) erkannte in Impulsen von Repräsentanten/innen indigener Völker neue Artikulationen von Schöpfungstheologie und Pneumatologie. Er beobachtete, dass Pentekostale Kirchen verstärkt die Zusammenarbeit mit ökumenischen Instituten suchten, und verband damit die Aufgabe, sich von klassischen Ausbildungsmodellen zu lösen, z.B. durch eine Neubestimmung des Verhältnisses von Residenzpflicht und Lernprozessen in räumlicher Distanz zu den jeweiligen Ausbildungsinstituten.

Martin Junge beobachtete eine zunehmende Klerikalisierung der Pastoren/innen sowie der Gottesdienste, die er in einer Identitätskrise protestantischer Kirche in Lateinamerika begründet sieht. Er notierte einen Verarmungsprozess in Kirchen LAs, der auch Auswirkungen auf die Attraktivität des Pastorenberufs hat. Auch er kam zu dem Schluss, dass gegenwärtig praktizierte TA-Modelle oft nicht angemessen seien, um lokal-kulturelle Verortungen und transkontextuelle Konstellationen aufeinander zu beziehen.

Chris Ferguson hinterfragte Institutionalisierungen von TA und bewertete die Klerikalisierung der Kirche als Abschottungsversuch vor sozialen und politischen Krisen. Durch den Aufbau von Hierarchien distanzierten sich Kirchen von den Bedürftigen. Er wies darauf hin, dass auch EMW-Stipendien gegenwärtige Ausbildungsmodelle der Kirchen stützen würden.

Dr. Michael Biehl (EMW) betonte im Blick auf die TA-Ausrichtung des EMW, dass Bildung zu einer Ware auf einem globalen Markt geworden sei. Neben der Frage der Akkreditierung von Abschlüssen seien insbesondere E-Learning-Programme zu nennen, die einen globalen Zugang erlauben. Das EMW folge dem Anspruch, im Bereich TA nicht nur fördern, sondern auch lernen zu wollen und Einsichten von Partnern an andere Regionen weiterzuvermitteln. Allerdings müsste auch kritisch gefragt werden, inwieweit akademisch-theologische Ausbildungen in Deutschland derzeit ökumenisch geprägt seien.

Unter den leuchtenden Sternen Herrnhuts hatten die drei weisen Männer aus den kirchlichen Weltbünden ihre Geschenke in Gestalt von wichtigen Impulsen für die künftige EMW-Arbeit verpackt. Der neu gewählte Vorstand wird sie in Zusammenarbeit mit der Geschäftsstelle sinnvoll zu gebrauchen wissen.

3. Jubiläumsbuch

Ein Geburtstagsgeschenk besonderer Art entstand aus der erfreulichen Resonanz auf die Bitte an unsere Partner, ein Grußwort oder einen Impuls über Erfahrungen mit dem EMW beizusteuern. Nun liegt ein 300 Seiten starker Sammelband mit interessanten, wenngleich nicht umfassend-repräsentativen Beiträgen vor. Einem von ihnen ist der Titel entnommen: »›Ein Geschenk an die weltweite Kirche‹. 40 Jahre EMW: Stimmen aus der Ökumene«. Einige Aspekte verdienen Erwähnung, insofern sie über Kooperationserfahrungen mit dem EMW hinausweisen:

– Mitunter wird das EMW beschrieben als »Anwalt der Partner und ihrer Anliegen«. Dies verbindet sich mit dem Wunsch, dass mögliche oder nötige Veränderungen in der Kooperation nicht einseitig erklärt, sondern miteinander ausgehandelt werden. Nachdrücklich wird dabei die Bedeutung von Partnerbesuchen unterstrichen, denn direkte Begegnungen machen das menschliche Antlitz der Partnerschaft sichtbar und enthalten – über die Klärung praktischer Fragen hinaus – eine geistliche Dimension. Gewünschte Gegenseitigkeit wird auch in Fragen erkennbar, inwieweit sich das EMW gegenüber seinen Partnern ebenfalls als berichtspflichtig sieht (z.B. zum Anteil von Frauen in Leitungspositionen).
– Verschiedentlich verbindet sich mit den EMW-Partnerschaften das Anliegen einer Stärkung von Kirche und Mission in Deutschland/Europa. Hiesige kirchliche Akteure könnten aus den Erfahrungen in anderen Weltregionen Wichtiges lernen. Das EMW wird hier weniger als Geberorganisation wahrgenommen, sondern als Gemeinschaft, aus der missionarische Impulse hervorgehen können. Eine Funktion als Katalysator ökumenischer Lerngemeinschaften wird dabei aus vielfältigen Peripherie-Erfahrungen abgeleitet, die es durch sein Partnernetz gesammelt hat. Diese sollten stärker in hiesige Debatten eingebracht werden.

- Die Süd-Süd-Kommunikation zwischen den jeweiligen Partnern wird als noch immer defizitär begriffen. Weiterhin dominieren bilaterale Süd-Nord-Orientierungen und das EMW wird aufgefordert, sein weltweites Partnernetz durch qualifizierten Austausch zu mehr Solidarität zu befähigen. Und mehr: Es sollte positive Erfahrungen, die es mit seinen Partnern gemacht hat, mit anderen als »best practice« kommunizieren, um dadurch Plattformen intensiven Erfahrungsaustauschs auszubauen.
- Einige Partner verstehen sich selbst als Grenzgänger und Brückenbauer, um kulturelle Entfremdungen zu überwinden, konfessionelle oder interreligiöse Vorurteile abzubauen sowie Transformationen in Kirchen und Gesellschaft zu ermöglichen. Grenzgängertum ist riskant und braucht Geduld – vom EMW als Partner werden gleichfalls Risikobereitschaft und langer Atem erwartet. »Grenzgänger« ist jedoch auch als EMW-Zuschreibung angemessen. Dies gilt für das gewandelte Verhältnis zu evangelikalen Organisationen, wo die tiefen Gräben der Anfangszeit weitgehend zugewachsen sind – auch wenn Differenzen fortbestehen. Grenzgänge sind auch jene Beziehungen, die sich über den klassischen – auch evangelisch- katholischen – Raum der Ökumene hinaus geweitet haben: So werden die Kooperationen mit unabhängigen Kirchen in Afrika (AICs), Pfingstkirchen und ihren Netzwerken und Migrationsgemeinden in Deutschland von diesen als zukunftsweisend geschätzt.
  Konturiert wird in den Beiträgen die das EMW kennzeichnende Spannung zwischen dem Charakter eines Dachverbandes für unterschiedliche Mitglieder in Deutschland und einem international agierenden Werk mit ausdifferenziertem Partnerspektrum. Sie auszuhalten und angemessen zu gestalten erweist sich als zentrale Herausforderung der kommenden Jahre.

4. Ausblicke

Aber nicht nur die hier genannten Aspekte bieten den Verantwortlichen reichlich Stoff zum Nachdenken für die künftige Ausrichtung des EMW. Abschließend biete ich deshalb einige thetisch gehaltene Überlegungen zur Verortung des EMW an, die Einsichten aus Veranstaltungen des Jubiläumsjahres und vorausgegangene Debatten aufnehmen.

1. Entwicklungen in der Weltchristenheit sind ebenso dynamisch wie komplex. Migrationsströme verändern religiöse Landschaften, notiert wird die Verlagerung des Gravitationszentrums der Weltchristenheit in den Globalen Süden. Wo liegen »Ränder« und »Zentren« heute und künftig?

Die intensive Auswertung seiner Partner-Dialoge bietet dem EMW Potentiale, um sich als Ort weiter zu profilieren, wo Analyse-Kompetenzen zu Worldchristianity abrufbar sind.

2. Gefragt wird nach dem Ort einer teilweise geschwächten institutionalisierten Ökumene in der Ökumenischen Bewegung. Wenn Bedarfe nach konfessionellen Profilierungen oder die Konzentration auf punktuelles gemeinsames Handeln vor Ort die Suche nach theologisch gegründeter, sichtbarer Einheit verdrängen, dann ist neu zu erschließen, was »ökumenisch« heute vorrangig bedeutet, und in welchen Konstellationen sich ein Mehrwert institutionalisierter Ökumene benennen lässt.

Das EMW ist seit jeher einer multilateralen, konfessionsübergreifenden Ökumene verpflichtet. In der Freiheit seines Mandats sollen dabei auch Kooperationspotentiale jenseits bestehender Zusammenschlüsse oder kirchenpolitischer Zuschreibungen aufgespürt werden. Aufbrüche in unbekannte ökumenische Räume können erwartet werden von einem Werk, das als anwaltschaftlicher, anstößiger und risikobereiter Akteur, als »Grenzgänger« agiert.

3. Krieg, Flucht, Vertreibung – weltweit elende Zustände, drängend ist die Suche nach Wegen zu Frieden, Heilung und Versöhnung. Die Aufgaben von Kirchen und Missionen müssen neu ausgelotet werden, weil Religionen vermehrt Konflikt verschärfende Potentiale zugeschrieben werden.

Das EMW sollte Mission als »Dienst der Versöhnung« – ein Jahrzehnt nach Athen 2005 – erneut fokussieren. Ansagen über Strukturen der Ungerechtigkeit sind ebenso nötig wie Beschreibungen respektvoller Formen christlichen Zeugnisses in multireligiösen Konstellationen. Erfahrungen von Verwundbarkeit und Heilung müssen aufgenommen, Haltungen der »Gastfreundschaft« als angemessene Form missionarischer Präsenz begriffen werden. Am belasteten, widerständigen, ökumenisch geschätzten und schönen Begriff »Mission« soll gegenüber alte Vorbehalte perpetuierenden Positionen unbedingt festgehalten werden, die Aufgabe seiner angemessenen Qualifizierung bleibt bestehen.

4. Die bisherige Weggemeinschaft von Akteuren in Mission und Entwicklung bietet Grund für Optimismus, ist alternativlos und wird durch diversifizierte Kooperation vertieft und profiliert. Die verstärkt wahrgenommene Politisierung von Religion, ihre wachsende Bedeutung als Faktor in Entwicklungsprozessen und das verstärkte Engagement von Missionswerken in entwicklungspolitischen Feldern (»Ganzheitliche Mission«) drängen nach komplementär abgestimmten Konzeptionen.

Das EMW wird seine Dachverbandsaufgaben in stärker gesellschaftsbezogenen Bereichen (Menschenrechtsengagement, Kampagnen- und Lobbyarbeit, Globalisierungsgestaltung etc.) neu zu konturieren haben.

5. Im EMW laufen zwei Handlungsebenen zusammen: Eine eigenständige Programm- und Projekt-Kooperation mit weltweitem Partnerspektrum. Hier ist besonders das Verhältnis von langfristig-institutioneller und kurzfristig-projektbezogener Zusammenarbeit zu profilieren. Dazu tritt das Agieren als Dachverband im Gegenüber zu und gemeinsam mit seinen in Deutschland verorteten, international aktiven Mitgliedern. Hier sind weiterhin koordinierende, informierende und gemeinsames Handeln fördernde Impulse gefragt in sich wandelnden Kirchen- und Missionswerkslandschaften.

Den unterschiedlichen Gegenübern ist dieser spezifische Doppelcharakter mit den Potentialen, die er bietet, nur ansatzweise bekannt. Er wird deutlicher zu kommunizieren sein, denn durch das EMW werden Partner und Mitglieder eingebunden in ökumenische Netzwerke, die über ihre eigenen hinausgehen. Diese Verknüpfungspotentiale ergeben bei aktiver Nutzung einen deutlichen Mehrwert für alle Beteiligten.

Dankbar blicken wir zurück auf ein lehr-, ereignis-, arbeits- und gnadenreiches Jubiläumsjahr. Erfreuliche Resonanzen auf die bisherige und wichtige Anregungen für die künftige Arbeit lassen uns zuversichtlich nach vorne schauen. Eingebunden in die Weltchristenheit leben wir im Ge- und Misslingen, im Tun und Lassen auch in kommenden Etappen von der Gnade Gottes.

Pfr. Christoph Anders
EMW-Direktor

»Deutsche Missionswerke: ihre Auflösung und Widerstandsfähigkeit von 1914 bis 1939«.

Jahrestagung des *Centre de Recherches et d'Echanges sur la Diffusion et l'Inculturation du Christianisme* (CREDIC) 31. August – 4. September 2015, Neuendettelsau.

Das *Centre de Recherches et d'Echanges sur la Diffusion et l'Inculturation du Christianisme* (CREDIC) vereint Dozierende, Wissenschaftlerinnen und Wissenschaftler, in der Mission Tätige und Archivare mit der Zielsetzung missionsgeschichtlicher Forschung. Seit dreißig Jahren arbeiten hier Menschen aus Frankreich, Belgien, den Niederlanden und Ländern Westafrikas gemeinsam an missionswissenschaftlichen Themen.

Die Jahrestagung 2015 fand in Kooperation mit der Augustana Hochschule und Mission EineWelt vom 31. August bis zum 4. September 2015 in Neuendettelsau statt unter dem Thema: »Deutsche Missionswerke: ihre Auflösung und Widerstandsfähigkeit von 1914 bis 1939«. Anknüpfend an das historische Gedenken des Ersten Weltkrieges wurden die Auswirkungen des Krieges einerseits auf die deutsche Missionsarbeit evangelischer und katholischer Kirchen, andererseits auf die durch sie entstandenen heimischen Kirchen beleuchtet. Im Mittelpunkt der Tagung stand die Frage, wie die deutschen Missionswerke mit der gewaltsamen Beschlagnahmung und Vertreibung ihrer Missionare durch die gegnerischen Kriegsparteien umgegangen sind. Darüber hinaus thematisierten die Vorträge der Tagung auch die Rezeption des von den deutschen Missionen hinterlassenen Erbes in den dekolonisierten Ländern nach dem Ende des Krieges. Schließlich wurden Entwicklungen innerhalb der deutschen Missionswissenschaft und deren Rezeption in der Ökumene, insbesondere während der Weltmissionskonferenzen von Jerusalem (1928) und Tambaram (1938) und in der katholischen Missionslehre erörtert. Es wurde deutlich, wie die Arbeit der deutschen Missionen über ihre teilweise gewaltsame Beendigung durch gegnerische Kriegsparteien und das Ende der Kolonialherrschaft hinaus wirkte.

Einführung und Abschluss der Tagung nahm Prof. em. Marc Spindler (Bordeaux) vor, der mit Prof. Gilles Vidal (Montpellier) und Prof. em. Annie Bart-Lenoble (Bordeaux) dem leitenden wissenschaftlichen Komitee angehört. Insgesamt wurden 15 Vorträge auf Französisch, Englisch und Deutsch gehalten, von denen hier einige in ihrer Zuordnung auf die jeweiligen Länder oder Regionen exemplarisch vorgestellt werden.

Togo

Die Arbeit des ehemaligen Togo-Missionars Diedrich Westermann stand im Zentrum des Vortrages von Dotsé Yigbe (Universität Lomé, Togo). Unter dem Titel *Diedrich Westermann, Zeuge des Auftretens eines westafrikanischen Volkes: die Ewe* beschäftigte sich Yigbe mit dem Einfluss der norddeutschen Missionare auf den Alltag und die Literatur der Ewe. Dabei setzte er sich kritisch mit dem Vortrag auseinander, den Westermann unter dem Titel »Volkwerdung und Evangelium unter den Ewe« im Jahr 1936 an der Universität Berlin hielt.

Padabo Kèlèm Tata (Togo) behandelte *Das soziale und kulturelle Erbe der deutschen Mission und der deutschen Kolonisation in Togo.* Vor dem Hintergrund der Arbeit der Basler und der Bremer Mission bereits vor dem Beginn der deutschen Herrschaft im Jahr 1934 zeigte er den Einfluss der Missionen auf Sprache und Gesellschaftsstruktur sowie auf die Gestalt der Kirche im Togo auf.

Kamerun

Jaap van Slageren (Prof. em., Brüssel) untersuchte in seinem Vortrag *Der erste Weltkrieg in Kamerun. Die Folgen des deutschen Rücktritts für die Kirche und das Bamun Volk,* wie die Basler Mission sich besonders in der Bamun Gegend verbreitet hat. Van Slageren schilderte die Bedeutung von König Njoya für die Missionsarbeit und seine veränderte Position gegenüber dem Christentum nach der Ausweisung der deutschen Missionare und der Ankunft der Pariser Mission, wodurch den *Bamun*-Christen eine Verfolgung drohte.

Kongo

Zum Thema *Der Mythos der Deutschen in der Zwischenkriegszeit in Kongo* sprach Flavien Nkay Malu (Institut Supérieur de Commerce in Idiofa, Demokratische Republik Kongo). Er beschrieb die religiösen und politischen Bewegungen, die ab 1915 in der Region des Äquators begannen: Zum einen den von »Leoparden-Maria« alias Maria Nkoi verbreiteten Mythos, der Kongo werde durch die Deutschen befreit, mit dem sie ihren Aufruf zum Widerstand gegen die belgische Kolonialmacht bestärkte; und zum anderen die vergleichbare Prophezeiung der »Sekte der Schlange«. Nkay Malu zeigte auf, wie durch diese Mythen die Deutschen ideologisch für den Kampf gegen die Hexerei benutzt wurden.

Rwanda

Mit dem *Werk der Mission von Bethel von 1907 bis 1916* beschäftigte sich Gérard van 't Spijker, (Prof. em. IIMO, Universität Utrecht). Er untersuchte den Einfluss der Missionare auf kulturelle und ökonomische Entwicklungen wie etwa die Herstellung von Lesebüchern und Wörterbüchern, aber auch auf Architektur und Infrastruktur. Dabei würdigte er insbesondere die Sprachforschung von Ernst Johanssen und die juristischen Aspekte der Ablösung der Basler Mission durch die Belgische Mission.

China

Interessante Parallelen zu den Problemen, mit denen deutsche Missionen während des Weltkrieges in Afrika konfrontiert waren, zeigte R. G. Tiedemann (Shandong University, China / SOAS China Institute – University of London) in seinem Vortrag *The German Missionary Enterprise in China During The Period 1914–1949* auf. Unter den zahlreichen katholischen und protestantischen Missionen hob er insbesondere diejenigen hervor, die ausschließlich in China arbeiteten. Während einige englischsprachige Untersuchungen sich der Arbeit der Missionen in China vor der Zeit des Ersten Weltkriegs widmen, ist eine grundlegende Untersuchung der Missionsarbeit nach 1914 noch anhängig.

Australien und Südsee

Die Arbeit der deutschen Pallotiner in Australien war das Thema des Vortrags von Regina Ganter (Griffith University, Australien). Während die Missionen der

Brüdergemeine im Ersten Weltkrieg der Presbyterianischen Kirche übergeben wurden und die ursprünglich deutsche Lutherische Kirche in die Hände der Australier überging, wuchs die Arbeit der deutschen Pallotiner zwischen den beiden Weltkriegen. Ganter zeigte in ihrem Vortrag auf, wie es den Pallotinern gelang, trotz der zeitweisen Übernahme durch britische Redemptoristen und italienische Salesianer sowie geheimdienstliche Überwachung die Missionsarbeit nach dem Krieg wieder aufzunehmen.

Gilles Vidal (Vizedekan des Institut Protestant de Theologie in Montpellier) verglich in seinem Vortrag zwei Missionare, die beide in der Südsee – in Neu-Kaledonien und in Papua – tätig waren: *Maurice Leenhardt und Georg Vicedom: zwei engagierte Missionare in der Zwischenkriegszeit*. Vidal beschrieb, wie beide Missionare auf der Grundlage ihrer praktischen Erfahrung in der Missionsarbeit den Weg in die akademische Missionstheologie nahmen: Vicedom arbeitete nach seiner Rückkehr nach Deutschland zunächst im Missionswerk in Neuendettelsau, bevor er 1956 auf den neu eingerichteten missionswissenschaftlichen Lehrstuhl an der Augustana-Hochschule berufen wurde. Der Weg von Maurice Leenhardt führte ihn auf den ethnologischen Lehrstuhl an der *École des Hautes Études en Sciences Sociales* in Paris. Er leistete bedeutende Beiträge zur Ethnologie auf der Grundlage der Theorien von Marcel Mauss. Vidal zeigte, dass beide Männer eine tiefe Liebe zu den Menschen des jeweiligen Volkes auszeichnete, in dem sie gearbeitet hatten: Vicedom unter dem Volk der Highlands in Neuguinea und Leenhardt unter den Kanaken in Neu-Kaledonien.

Deutschland

Die deutsche Missionswissenschaft zwischen den beiden Weltkriegen war das Thema des Vortags von Marc Spindler (Prof. em. Universität Leyder und Utrecht). Spindler zeigte die wegweisende Rolle auf, die die Forschungen und Publikationen deutscher Missionare spielten hinsichtlich der Entwicklung und Organisation junger Kirchen sowie der Übersetzung der christlichen Botschaft in die jeweiligen kulturellen Kontexte hinein. Er würdigte insbesondere die Rolle, die die Gründung neuer Fachzeitschriften sowie der *Deutschen Gesellschaft für Missionswissenschaft* im Blick auf die Förderung missionswissenschaftlicher Forschung spielte.

Über die hier genannten Vorträge hinaus wird die Tagungsdokumentation auch folgende Beiträge enthalten:

- Catherine Marin (Institut catholique Paris): *Von Maximum illud zu Rerum Ecclesiae (1919–1926)*.
- Andrej Miotk (SVD, Polen): *The Collapse oft he SVD Mission (1914–1921)*.
- Odile Napala (Universität Kara, Togo): *Die Wirkung des ersten Weltkriegs auf die missionarisch-katholische Politik in Togo, 1914–1922*.
- Emmanuel Tchumtchoua (Universität Douala, Kamerun): *Das Leben nach der Mission: die Erfahrung Friedrich Ebdings, ehemaliger Missionar in Kamerun*.
- Pierre Trichet (Archivar Afrikanische Missionsgesellschaft Rom): *Missionare wechseln, die Gemeinde bleibt. Die katholische Mission in Togo 1914–1922*.
- Vincent Verbrugge (Wervik, Belgien): *Der deutscher Einfluss auf die afrikanischen Missionare in den apostolischen Vikariaten in der Unyanyembe und Tanganyika Gegend, 1913–1917)*.

Gilles Vidal

Heinrich Christ, **Zwischen Religion und Geschäft.** Die Basler Missions-Handlungs-Gesellschaft und ihre Unternehmensethik 1859–1917 (=Beiträge zur Europäischen Überseegeschichte, 103), Stuttgart: Franz Steiner Verlag 2015, 273 Seiten, 9 s/w Zeichn., 6 s/w Fotos, 3 Karten, 49,00 EUR

Wie kann ein Wirtschaftsunternehmen religiös oder ethisch begründete Prioritäten mit marktwirtschaftlichen, vor allem auch gewinnorientierten, Zielen vereinbaren? Das ist die Grundfrage, die Heinrich Christ am Beispiel der Basler Missions-Handlungs-Gesellschaft untersucht.

Das Thema Religion und Geschäft ist aktuell und vielschichtig. Vor einigen Monaten hat erstmals eine nach islamischen Grundsätzen arbeitende Bank in Deutschland den Betrieb aufgenommen, und in der Missionsgeschichte werden wirtschaftliche Themen trotz ihrer Bedeutung für einige Missionsfelder und die Finanzierung der Missionen nicht oft untersucht.

Die Handlungs-Gesellschaft war 1859 vom Komitee der Basler Mission als Aktiengesellschaft gegründet worden. Ziel war in erster Linie, die Missionsstationen, besonders an der Goldküste in Westafrika, dem heutigen Ghana, später auch in Kamerun und Togo, mit europäischen Waren zu versorgen und gleichzeitig durch Handelsgeschäfte mindestens einen Teil der Kosten zu decken und solcherart die Mission finanziell zu unterstützen. Nach den 1864 formulierten Zweckbestimmungen sollten die Einführung des Handels und die Beispielwirkung eines christlichen Handelsbetriebes auch zur sittlichen Hebung der Bevölkerung beitragen (S. 12). In Südwestindien, dem zweiten grossen Basler Missionsfeld, wurde zunächst nur ein kleines Ladengeschäft eröffnet. Bald danach übernahm die »Handlung«, wie das Unternehmen zumeist genannt wurde, auch die Garnlieferungen an die Webereien der Mission. Die Leitung der Webereien und Werkstätten blieb jedoch bis 1882 bei der Industriekommission, die ihre eigene Finanzverwaltung führte. Die Aktionäre der Missions-Handlungs-Gesellschaft investierten langfristig, kamen aus Missionskreisen und hatten daher ein Interesse an der Verbindung der wirtschaftlichen mit den religiösen Zielen. Die Basler Mission war auch selbst Aktionärin und durch eine partielle Personalunion zwischen den Leitungsgremien von Mission und Handlungs-Gesellschaft bis 1917 in der Geschäftsleitung vertreten.

Heinrich Christ erläutert in der Einleitung wie die Verbindung von Gewinnorientierung und ethischen Zielen in der Wirtschafts- und Unternehmensgeschichte diskutiert wird. Marktwirtschaftliche Forderungen wie Wettbewerb, Effizienz und technische Entwicklung können in unterschiedlichem Masse als Sachzwänge interpretiert werden, deren Missachtung die Existenz eines Unternehmens gefährden können. Vertreter ethisch oder religiös motivierter Prioritäten dagegen sind bereit, geringere Gewinne oder Wachstumsraten in Kauf zu nehmen, wenn dadurch andere Forderungen, gute Arbeitsbedingungen, Schulung und Ausbildung, die aktive Beteiligung an regelmässigen Andachten oder die Förderung von Jugendorganisationen erfüllt werden können. Solche Abwägungen fallen je nach Geschäftsbereich, Konjunkturlage, Kultur und Zeit unterschiedlich aus. Heute würde man die Schaffung marktwirtschaftlicher Nachfrage, die Menschen zur Arbeit und zum Geldverdienen anregen sollte, nicht mehr so leicht als Zivilisations- und Missionsarbeit ansehen, wie es der Missionskaufmann Ernst Preiswerk 1861 tat (S. 81) und auch die Beteiligung an Kartellen, die der Missions-Handlungsgesellschaft annehmbar erschien (S. 187–197), würde heute vermutlich anders beurteilt.

Der Autor schlägt zur besseren Abwägung der verschiedenen Ziele drei Kategorien vor und definiert die missionsspezifischen Ziele allgemein als gemeinnützige Prioritäten. Die Kategorien sind: 1) die gewinnorientierten Ziele, 2) direkt gemeinnützige Ziele (die aktive missionarische und »zivilisatorische« Tätigkeit der Mitarbeiter) und 3) delegierte gemeinnützige Ziele (konkret finanzielle Gewinnanteile für die Basler Mission) (S. 13). Die dritte Kategorie ist jedoch an sich nicht weniger gewinnorientiert als die rein ökonomischen Ziele, denn höhere Gewinne führten zu höheren Anteilen oder Spenden für die Mission, die dann die gemeinnützige Arbeit leistete. Andrerseits hätten der Ruf und die Glaubwürdigkeit der Mission leiden können, wenn ein mit ihr verbundenes Unternehmen mit Waffen oder Spirituosen handelte oder andere ethische Grundsätze verletzte. Die zweite Kategorie, die direkt gemeinnützige Arbeit, ist allerdings schwer zu definieren (S. 168). Während die Abhaltung von Andachten in den indischen Industrien oder die Ausbildung von mehr Handwerkslehrlingen als das Unternehmen selber benötigte, in diese Kategorie gehören, ist die Versorgung der Missionsstationen mit Waren zum Einkaufs- und Transportpreis plus zehn (nach 1876 fünf) Prozent Kommission vielleicht preisgünstig, aber nicht unbedingt als gemeinnützig einzustufen, wie es der Autor tut (S. 79), denn sie bedeutete ja gleichzeitig auch regelmässige und zuverlässige Aufträge für das Unternehmen. Während die Schaffung von Arbeitsplätzen in Indien für einen Teil der mehrheitlich armen indischen Konvertiten eine sichere Stelle ausserhalb der kastenüblichen Palmweinproduktion bot, brauchten die Werkstätten und Fabriken, wenn sie einmal vorhanden waren, Arbeiter und beschäftigten zeitweise mehr Hindus und Muslime als Christen, was zu Kritik Anlass gab. Dagegen boten sie zweifellos neue Verdienstmöglichkeiten für Frauen.

Die konkrete Ausgestaltung der verschiedenen Zielkategorien wird in thematischen Bereichen (Unternehmensstrategie, Finanzierung, operatives Geschäft, Personal und Gewinnverteilung) in drei zeitlichen Abschnitten von je etwa 20 Jahren untersucht.

Der internationale Handel mit afrikanischen Produkten, anfänglich vor allem Palmöl, später auch Palmkernen und besonders Kakao, wurde der grösste Tätigkeitsbereich des Unternehmens und auch die Sparte, in der das Spannungsfeld der unterschiedlichen Zielsetzungen und Vorstellungen deutlich sichtbar wurde. So klagten Handlungsbrüder (Missionskaufleute) an der Goldküste öfter darüber, dass sie, weil ihnen Zeit und Sprachkenntnisse fehlten, keine direkte Missionsarbeit leisten konnten, wie sie sich das vor ihrer Aussendung vorgestellt hatten. Bei der Auswahl der Laienbrüder wurde nicht nur auf die beruflichen Fähigkeiten, sondern auch auf die religiöse Berufung Gewicht gelegt, und die Selbstdarstellung der Handlungskommission (d.h. der Unternehmensleitung) betonte immer wieder das ideelle Nebeneinander von geistlichen und weltlichen Aufgaben innerhalb der gesamten Missionsarbeit (S. 59).[1] Daraus entstand bei mehreren Handlungsbrüdern die Erwartung einer direkten missionarischen oder gemeinnützigen Tätigkeit, einige stellten deshalb den Antrag, vom Handel ganz zur direkten Missionsarbeit übertreten zu dürfen. Solche Unstimmigkeiten und der ständige Mangel an europäischen Mitarbeitern im afrikanischen Handelsgeschäft führten zu langen Diskussionen darüber, ob es weiterhin angemessen sei, Laienbrüder mit dem Missionarstitel und unter den gleichen Bedingungen wie ordinierte Missionare einzusetzen oder ob nicht einfach gut qualifizierte Kaufleute mit normalen Gehältern und Arbeitsverträgen anzustellen seien; mit an-

---

[1] Dasselbe gilt für die Industriekommission, siehe das Rundschreiben an die Missionare in Indien, das den Betrieb von Werkstätten als eine Art Mission »durch die Macht des Beispiels, durch ein Vorbild des in den praktischen Lebensverhältnissen sich kundgebenden Christenthums« beschrieb. Zitiert im Bericht der Industrie-Commission für 1853 (Anm. S. 4–5).

dern Worten: der direkte, persönliche gemeinnützige Einsatz sei zugunsten einer effizienteren Arbeit aufzugeben, dafür könnten grössere finanzielle Beiträge für die Mission erwartet werden (also eine grössere delegiert gemeinnützige Wirkung). 1907 wurden dann auch die ersten Schritte in dieser Richtung beschlossen, allerdings nur für die Handlung in Westafrika, nicht aber für die Industrien und Läden in Indien. Weshalb dieser Unterschied? Der Autor stellt zwar fest, dass das Handelsgeschäft an der Goldküste und die Industrien in Indien verschiedene Kulturen entwickelt hätten, die nicht leicht zu vereinbaren waren als die indischen Industrien nach 1882 in die Missions-Handlungs-Gesellschaft integriert wurden (S. 170), geht jedoch nicht auf die Gründe dafür ein. Lag es an den unterschiedlichen Tätigkeitsschwerpunkten, Industrie in Indien, Handel in Westafrika, am unterschiedlichen Umfeld, oder an der bis 1882 getrennten Leitung von Industrie und Handel? Gerade hier hätte ein Vergleich einiges über das Verhältnis zwischen den drei Zielkategorien in ihrer konkreten Umsetzung in den beiden Missionsfeldern aussagen können.

Eine weitere Erklärungslücke überrascht: Die Finanzierung der Missionsarbeit in Indien während des ersten Weltkrieges wird nur in einer völlig allgemein gehaltenen kurzen Fussnote erwähnt (S. 222, 17). Die schweizerischen Missionare, die nach der Internierung ihrer deutschen Kollegen in Indien geblieben waren, arbeiteten ab März 1916 auf Grund einer umfassenden Verwaltungsvollmacht des Komitees autonom, hatten keine offizielle Verbindung mit Basel mehr und konnten von dort auch kein Geld mehr bekommen.[2] Die Handlungs-Gesellschaft aber trug die Kosten der Missionsarbeit aus den Gewinnen in Indien bis zur Konfiskation der Industrien im Mai 1919, also auch nach der formellen und juristischen Trennung von Mission und Handels-Gesellschaft im November 1917. War das eine Fortführung der Tradition oder, wie die erste Unternehmensgeschichte[3] sagt, die Anweisung eines hohen Beamten? Eine Präzisierung wäre nötig gewesen, denn wenn es eine offizielle Anweisung war, erklärt das wohl auch, weshalb die Britische Regierung dem Commonwealth Trust, einer für die Weiterführung der Handlungsarbeit gegründeten britischen Aktiengesellschaft, dieselbe Gewinnverteilung zwischen Aktionären und philanthropischen Zwecken auferlegte, wie sie für die Handlungsgesellschaft gegolten hatte. Die briti-

---

[2] Siehe Archiv der Basler Mission (ABM), Komitee-Protokoll vom 2.2.1916, §131 und C-3.1. Indien 1913–1916, Mappe I, a, Generalkonferenz u. Beamte (1. Teil), Brief an den Generalausschuss der indischen Mission vom 27. Januar 1916.

[3] Adolf Wanner, Die Basler Handels-Gesellschaft A.G. 1859–1959, Basel, 1959, 79

schen Missionen, die sich für diese Lösung eingesetzt hatten, damit das Unternehmen nicht wie nach Beschlagnahmungen üblich an den Höchstbietenden verkauft wurde, wollten also nicht einfach die »offenbar prestigeträchtige Arbeit« (S. 226) der Gesellschaft, sondern die Unterstützung der Basler Missionsfelder erhalten, die wegen Mangel an Geld und Personal keine britische Gesellschaft hätte übernehmen können.

Solche Lücken und auch eine ganze Reihe von Fehlinformationen[4] und ungenauer Quellenangaben beeinträchtigen die Aussagekraft der Arbeit erheblich. Problematisch sind die enge Auswahl von Primärquellen und deren oft unkritische Verwendung. Abgesehen von einigen Komitee-Protokollen aus dem Missionsarchiv stützt sich der Autor auf das Archiv der Missions-Handlungs-Gesellschaft, etwa die Protokolle der Handlungs-Kommission und Bilanzen, die Jahresberichte der Handlungs-Gesellschaft und einige späte Rückblicke des Komitees und des ehemaligen Afrika-Missionars Duisberg auf die frühere Entwicklung von Industrie und Handel in Indien und Afrika. So war die mehrmals zitierte Broschüre »Vertraulich Mitteilungen über Handel und Industrie in der Basler Mission« eine Rechtfertigungsschrift, die das Missionskomitee 1884 kurz nach dem Rücktritt von Inspektor Otto Schott an prominente Missionsfreunde schickte, um die Meinungsverschiedenheiten zwischen Komitee und Inspektor, die zum Rücktritt geführt hatten, zu erklären. Sie war Teil der Öffentlichkeitsarbeit und sollte nicht ungeprüft als verlässliche Quelle für die Entwicklung der vorangehenden vierzig Jahre angesehen werden. Auch die Jahresberichte des Unternehmens müssen, besonders wenn sie in Krisen- oder Kriegszeiten entstanden sind, kritisch auf ihre Zuverlässigkeit überprüft werden. Wenn Fakten in verschiedenen zitierten Primär- oder Sekundärquellen unterschiedlich darge-

---

[4] So stimmt es beispielsweise nicht, dass die deutschen Mitarbeiter an der Goldküste 1914 interniert wurden (221), wohl aber die in Kamerun. Ein Handlungsbruder war an der Goldküste verhaftet worden, weil er angeblich aus Ada auf das Meer signalisiert hatte. Die Handlung wollte sich vor dem Verdacht der Deutschfreundlichkeit schützen und ersetzte die deutschen Mitglieder in der Leitung und die deutschen Mitarbeiter an der Goldküste durch Schweizer. (ABM Komitee-Protokoll, 18.11. 1914 §1542 und 02.12.1914, §1597; Margaret Gannon, The Basle mission trading company and British colonial policy in the Gold Coast, 1918–1928, in: Journal of African History 24/4 (1983), 503–515, hier: 504). Die deutschen Missionsleute arbeiteten dagegen an der Goldküste bis zum Herbst 1917 unter einschränkenden Bedingungen weiter. (Hermann Witschi, Geschichte der Basler Mission, Bd. 4: 1914–1919, Basel 1965, 165–166, hier: 169; siehe auch Samuel Prempeh, The Basel and Bremen Missions and Their Successors in the Gold Coast and Togoland, 1914–1926: A Study in Protestant Missions and the First World War, Dissertation, Universität Aberdeen 1977, 78).

stellt werden, ist es unbefriedigend, wenn eine bereits als unrichtig belegte Version ohne Begründung erneut wiedergegeben wird.[5]

Insgesamt legt die Einleitung einen durchaus vielversprechenden Ansatz vor, um die selten untersuchte wirtschaftliche Verflechtung einer Mission zu beleuchten, doch dann wird in den folgenden Kapiteln die konkrete Darstellung sehr eng auf Basel und die europäischen Mitarbeiter reduziert. Die einheimischen Mitarbeiter in den Missionsfeldern spielen eine sehr untergeordnete Rolle, während der weitere Kontext entweder ganz ignoriert oder stichwortartig und ungenau behandelt wird.[6] Die ordinierten Missionare, die mindestens in Indien meist sehr eng mit den Industriebrüdern zusammen arbeiteten, bleiben ebenso weitgehend unsichtbar.

Mit einem weiteren und erheblich kritischeren Blick hätte die Untersuchung ungleich mehr zum Verständnis der komplexen Wechselwirkungen zwischen der Handlungsgesellschaft, der Mission und zwei grossen Missionsfeldern und deren Bevölkerung und Wirtschaft beitragen können. Nach der vielversprechenden Exposition wirkt das Nachfolgende bedauerlicherweise eher wie eine verpasste Gelegenheit.

Catherine Stenzl

[5] Bereits Danker hatte darauf hingewiesen, dass die Industriekommission nicht wie angegeben 1852 zur Verwaltung bestehender Betriebe gegründet wurde (S. 37), sondern bereits 1846 zur Vorbereitung der Aussendung der ersten zwei »Industriebrüder«. Die handschriftlichen Sitzungsprotokolle ab 1846 stehen im Missionsarchiv (ABM Q.8.3.1, Protokolle der Industrie-Commission, 1846–1873); William J. Danker, Profit for the Lord: Economic activities in Moravian missions and the Basel Mission Trading Company, Grand Rapids 1971, 101.

[6] Zum Beispiel Seite 74: »Schwierigkeiten bereiteten während der 1860ger Jahre verschiedene kriegerische Auseinandersetzungen an der Goldküste, die damals durch die Briten erst oberflächlich beherrscht wurde.«

Jürgen Thiesbonenkamp und Andreas M. Selignow (Hg.), **Interdisziplinäre Afrikaforschung und neuer Afropessimismus.** Symposion zum 70. Geburtstag von Heinrich Balz, Berlin: Selignow Verlag 2009, 168 Seiten, ill., 24,90 EUR

»Interdisziplinäre Afrikaforschung und neuer Afropessimismus« sind die schriftlich festgehaltenen Ergebnisse eines Symposions betitelt, das vom 12. bis 13. September 2008 in Weinsberg-Gellmersbach zu Ehren von Heinrich Balz abgehalten wurde. Das von Jürgen Thiesbonenkamp und Andreas M. Selignow herausgegebene Bändchen sammelt sieben Vorträge und Aufsätze, neun »Thesen, Briefe, Miszellen« und abschließend eine Predigt des Jubilars.

Einen Tag nach seinem 70. Geburtstag hatten sich ehemalige Doktoranden, Mitarbeiter und Freunde mit Heinrich Balz und seiner Frau Dr. Helgard Balz-Cochois versammelt. Die Vielfalt seines kirchlichen und universitären beruflichen Wirkens beinhaltet Stationen in Deutschland, Kamerun, Tansania und der Demokratischen Republik Kongo. Neben der Tätigkeit als Lehrstuhlinhaber an der Theologischen Fakultät der Humboldt-Universität zu Berlin wirkte er an Theologischen Seminaren Afrikas und erforschte von dort aus traditionale Religionen, Kulturen und historische Prozesse der Christianisierung. Im Folgenden gehe ich exemplarisch auf einige der Beiträge ein:

Unter dem Thema »Ethnologie und Missionswissenschaft in Kooperation und im Streit um Afrika« eröffnet Balz den Reigen (S. 13–17). Er zeigt, wie für ihn jede Missionswissenschaft stets im interdisziplinären Gespräch auf die Afrikanistik und die Ethnologie verwiesen ist. Er bedauert sehr, dass dieses umgekehrt nicht so verstanden wird (S. 15). Balz' Schüler Martin Fitzenreiter weist in einem sehr informativen Forschungsbericht nach, wie die Disziplinen Ägyptologie, Schwarzafrikaforschung und Orientalismus eigentlich einander bedürfen – jede einzelne dieser Forschungs-*Communities* die anderen aber leider ignoriert. Fitzenreiters Kritik an einem von ihm so genannten »Hybrid-Multikulturalismus« geht aber an der Sache m.E. vorbei, da er die wesentliche, postkoloniale Spitze von Edward Saids »Orientalismus«-Begriff nicht würdigt.

Ein, wenn nicht sogar der m.E. herausragende Beitrag des Bandes stammt nicht aus afrikanischer Perspektive: Young Dong Kim, Professor für Missionswissenschaft des Presbyterian College am Theological Seminary in Seoul titelt: »Afrika von Asien aus gesehen: Eine koreanische Perspektive« (S. 83–96). Sowohl die präzise Verwendung wissenschaftlicher Begriffe, die Bezugnahme auf gut belegte Fakten und Materialien sowie die Analyse bestechen. »Von Korea aus gesehen ist Afrika ein ferner, aber doch nicht zu übersehender Kontinent..., weil dort das Zentrum des Wandels des Christentums im 21. Jahrhundert liegt« (S. 95). Kim gelingt es als Einzigem, hier (von der Sache her) postkoloniale Denkansätze aufzunehmen und erkenntnissteigernd zu verarbeiten. Mit abschließenden Thesen verweist der mit Blick auf Entwicklungen in »Afrika« so lernbereite Koreaner auf die (missionswissenschaftlich gesehen) exemplarische Bedeutung der Afrikanischen Unabhängigen Kirchen. Er zitiert den westafrikanischen Missionstheologen Tite Tiénou, der dialektisch denkt und einen Diskurs anregt, anstatt vermeintlich schlüssige Antworten zu geben, wenn er sagt: »Der so hochgeschätzte pietistisch-evangelikale Glaube ist nicht passend für afrikanische Christen, aber der mehr am Diesseits und materialistisch orientierte Glaube hilft ihnen auch nicht weiter« (S. 96). Der Begriff der »Interkulturellen Theologie«, der im ganzen Band vermieden wird, drängt sich bei Kims Süd-Süd-Perspektive geradezu auf. Er fragt abschließend: »Welche Bedeutung können afrikanische Gemeinde-Erfahrung und einheimische afrikanische Theologie für uns in Asien haben?« (S. 96).

Samuel N. Ejedepang-Koge, Bakossi-Kameruner (desselben Jahrgangs wie Balz) wirkt als Pädagoge, Geograph und Historiker sowie presbyterianischer Laienprediger. Beide Wissenschaftler sind sich seit Jahrzehnten als »schreibende Weg- und Zeitgenossen« freundschaftlich verbunden. Ejede-pang-Koge ist in der zu besprechenden Publikation immerhin der Einzige, der aus genuin afrikanischer Perspektive Position bezieht. Er hat die sechsfach aufgefächerte Frage nach dem Stand der interdisziplinären Erforschung afrikanischer Identität, die Balz an ihn in einem schriftlichen Fern-Interview richtet, zu beantworten. Dazu trägt er sechs Thesen bei (S. 113–122). Die letzte mündet in die Schlussfolgerung: »The future of Cameroon and other countries of Africa lies in reinforcing regional and continental economic and social cooperation and integration" (S. 122). Dies ist meines Erachtens gleichzeitig eine umfassende Antwort, zu der auch andere kommen, wenn sie mit der auf dem Symposion immer wieder gestellte Frage »Zwischen Afro-Pessimismus und Afro-Optimismus« konfrontiert werden (vgl. die Beiträge S. 97–154). Letztere stellt explizit und praxisorientiert Roland Thie mit seinen »Erfahrungen und Anmerkungen aus der Sicht eines ökumenischen Mitarbeiters in der Evang.-Luth. Kirche von Tansania« (S. 97–110).

Wo »fängt Afrika eigentlich an, wo hört es auf«? Das mit dieser Frage aufgeworfene Problem, das sich zeitlich-historisch, räumlich-geographisch und kulturanthropologisch nicht nur in Hinblick auf »Afrika«, sondern für jeden Kontinent, jeden frei wählbaren Ausschnitt aus der Geschichte stellt, versucht der Jubilar an einem interessanten Beispiel zu klären: »Totenrituale in Schwarzafrika und im alten Ägypten« (S. 123–127). Er vergleicht mit »Schwarzafrika« und »altem Ägypten« zwei geschichtlich nur scheinbar weit voneinander entfernt liegende Kulturen. Historisch betrachtet handelt es sich um Gefilde, die nicht nur aneinandergrenzen, sondern sich überlappen bzw. miteinander vernetzt sind und waren. »Totenrituale«, um die es geht, sind ein hervorragendes Medium, um der Frage nach interkulturellen Verflechtungen und Unterschieden nachzugehen.

Am Ende zieht Balz verallgemeinernd als Schlussfolgerung: 1. Das »Überentwickelte« der Totenrituale auf dem afrikanischen Kontinent ist typisch für bäuerliche Gesellschaften, in denen die Frage nach dem Geheimnis von Tod und Leben in Vegetation und Jahreslauf maßgeblich ist. 2. Wo (zumindest in Afrika) ein Götterpantheon zentral ist, wird der Ahnenkult eingeschränkt. 3. Monotheistische Religionen, welche die ägyptische bzw. afrikanische Religion geschichtlich ablösen, tendieren dazu, dem einen Gott Dominanz über alles zu verleihen. Damit seien, schließt Balz, aber die Fragen des Menschen nach Leben und Tod nicht wirklich beantwortet (S. 126 f.). Bei dieser so bemerkenswerten Schlussfolgerung vermisst der Leser allerdings Verweise auf konkrete Kulturen, Quellen und wissenschaftlich zugrunde gelegte Belege – mit seinen Bakossi-Studien hat der Autor selbstverständlich bereits auf überzeugende Weise reichhaltig Zeugnis von seinem profunden Erkenntnissen gegeben.

Resümee: Die thematische Kombination der Begriffe »Afrikaforschung« und »Afropessimismus« spiegelt die Absicht wieder, das Thema »Afrika« elliptisch aus zwei Perspektiven einzu-kreisen und zu fassen - einerseits aus einer spezielleren sowie interdisziplinär-wissenschaftlichen, anderseits aus einer allgemeinverständlicheren und eher populärwissenschaftlichen Blickrichtung. Diesen Anspruch löst der – eben nicht nur für Spezialisten – sehr lesenswerte Sammelband mit seinen vielfältigen Früchten auf jeden Fall ein.
Moritz Fischer

Berufungen und Ehrungen

Pfarrer **Volker Dally** (54) ist seit dem 1. Februar 2016 neuer Generalsekretär der *Vereinten Evangelischen Mission* (VEM). Er tritt damit die Nachfolge von Dr. Fidon Mwombeki an, der zum 1. Januar 2016 in den Lutherischen Weltbund nach Genf wechselte. Dally war seit 2006 als ökumenischer Mitarbeiter der VEM in Java. In der dortigen Mitgliedskirche der VEM GKJW *(Christliche Kirche in Ostjava)* war er zuständig für interreligiösen Dialog und Gemeindeaufbau. Anschließend war er Beauftragter für den interreligiösen Dialog bei der VEM, bevor er als Direktor zum Evangelischen Missionswerk in Leipzig wechselte.

Dr. **Abednego Keshomshahara** (46) ist neuer Bischof der Nordwestdiözese der *Evangelical Lutheran Church of Tanzania.* Keshomshahara promovierte mit einem Stipendium der *Vereinten Evangelischen Mission* im Jahr 2008 an der Kirchlichen Hochschule Wuppertal mit einer Dissertation zum Thema der Armutsbekämpfung in Tansania.

Rev. **Jack Urame** (47) ist neuer leitender Bischof der *Evangelisch-Lutherischen Kirche von Papua-Neuguinea.* Er ist der erste Bischof, der aus dem Hochland von Papua-Neuguinea kommt. Er war zuvor Direktor des *Melanesischen Instituts* und arbeitete von 2001 bis 2005 als Austauschpfarrer in der Evangelisch-Lutherischen Kirche in Bayern. Zum Assistenzbischof wurde der frühere Leiter des Predigerseminars in Logaweng, Rev. **Lukas Kedabing** gewählt. Neuer Generalsekretär ist Rev. **Bernhard Kaisom**.

Ioan Sauca, Stellvertretender Generalsekretär des *Ökumenischen Rates der Kirchen* für das Programm *Ökumenische Bildung,* erhielt im November 2015 die Ehrendoktorwürde der Babeş-Bolyai-Universität im siebenbürgischen Cluj-Napoca (Rumänien). Damit wurde sein Engagement für ökumenische theologische Ausbildung gewürdigt.

Der Religionswissenschaftler Prof. em. Dr. Dr. **Peter Antes** (73) ist im November 2015 mit dem *Muhammad-Nafi-Tschelebi-Friedenspreis* geehrt worden. Prof. Antes lehrte bis 2012 Religionswissenschaft im *Institut für Theologie und Religionswissenschaft an der Leibniz Universität* in Hannover, wo er seit 1973 tätig war. Seine Forschungsschwerpunkte bezogen sich stets auf islamische Ethik, Religionen und religiöse Gemeinschaften in Europa sowie Methodenfragen in der Religionswissenschaft. Der Muhammad-Nafi-Tschelebi-Friedenspreis würdigt Menschen, die sich um Frieden bemühen, indem sie sachlich über den weltweiten Islam berichten, inner-islamische Diskurse und Entwicklungen darstellen, die Gespräche zwischen Juden, Christen und

Muslimen fördern und auf diese Weise dazu beitragen, die vielfachen Hindernisse im Zusammenleben von Menschen unterschiedlicher Religion und Herkunft abzubauen. Der Preis ist benannt nach dem 1933 verstorbenen Muhammad Nafi Tschelebi, einem Syrer, der in Berlin lebte und im Jahr 1927 das Berliner Islam-Institut gründete. Der Preis ist nicht dotiert und wird seit Ende der 1990er Jahre jährlich im Herbst vom Zentralinstitut Islam-Archiv-Deutschland an Nichtmuslime verliehen.

Helmut Egelkraut (77) hat den George-W.-Peters-Preis des Evangelischen Arbeitskreises für Mission, Kultur und Religion (früher Arbeitskreis für evangelikale Missiologie) erhalten. Damit würdigt die Organisation seine Forschungen über die Geschichte der Liebenzeller Mission während der NS-Zeit, in der Egelkraut die Verflochtenheit des Missionswerkes mit dem Nationalsozialismus offenlegte.

PD Dr. **Claudia Jahnel** (49) ist für ihre Habilitationsschrift *Afrikanische Theologie – Kulturwissenschaftliche Analysen und Perspektiven* mit dem Preis des Universitätsbundes der Universität Erlangen-Nürnberg ausgezeichnet worden.

Peter Sandner (87), ehemaliger Direktor der *Vereinten Evangelischen Mission* (VEM), wurde im November 2015 für seine Verdienste bei der Internationalisierung der VEM mit der Ehrendoktorwürde der *Université Libre des Pays des Grands Lacs* (ULPGL,

Universität Goma in der Demokratischen Republik Kongo) ausgezeichnet.

Der südafrikanische anglikanische Erzbischof, Anti-Apartheidkämpfer und Friedensnobelpreisträger **Desmond Tutu** (84) erhält am 23. Februar 2016 den »Tutzinger Löwen« der Evangelischen Akademie Tutzing. Der Preis wird an Persönlichkeiten verliehen, die für Toleranz und Weltoffenheit eintreten. Die Verleihung erfolgt im Zusammenhang mit einer Konsultation der Evangelischen Akademie Tutzing mit dem *Institute for Theological & Interdisciplinary Research der Ecumenical Foundation of Southern Africa* (EFSA).

Dr. **Mitri Raheb** (54), Pfarrer der *Evangelisch-Lutherischen Kirche in Jordanien und im Heiligen Land* (ELCJHL), wurde gemeinsam mit dem israelischen Journalisten **Gidon Levy** (62) der Olof-Palme-Preis 2015 verliehen. Damit wurde ihr Engagement gegen die israelische Besatzung palästinensischer Gebiete und für ein friedliches Zusammenleben im Mittleren Osten geehrt. Der Olof-Palme-Preis wird an Persönlichkeiten verliehen, die sich in besonderer Weise für Frieden und Völkerverständigung einsetzen.

Der katholischen philippinischen Ordensfrau **Stella Matutina** (47) wurde anlässlich des Jahrestags der Menschenrechte am 10. Dezember 2015 in Weimar der diesjährige Menschenrechtspreis verliehen. Schirmherrin Gundula Gause würdigte in ihrer Ansprache den Einsatz von Schwester Matutina gegen den Ausverkauf des

Landes durch internationale Konzerne beim Abbau großer Goldvorkommen. Für ihr Engagement für die Rechte der Inselbevölkerung auf Mindanao erhält die Ordensfrau Todesdrohungen.

Noorjehan Abdul Majid (44), Ärztin aus Mosambik, ist im Januar 2016 mit dem Klaus-Hemmerle-Preis ausgezeichnet worden. Damit wird ihr Einsatz für die Behandlung von HIV-Infizierten und Aidskranken honoriert. Seit 2002 arbeitet Majid in mehreren Aids-Zentren in Mosambik für das Behandlungsprogramm »Dream« der Gemeinschaft Sant'Egidio. Bisher konnten rund 300.000 Menschen behandelt werden, darunter etwa 70.000 Kinder. Über 60.000 Kinder HIV-infizierter Frauen wurden ohne Aids geboren.

Der indische Rechtsanwalt **Henri Tiphagne** (60) wird von Amnesty International Deutschland mit dem Menschenrechtspreis ausgezeichnet. 1997 hatte er die Menschenrechtsorganisation *People's Watch* gegründet, die seitdem Opfer von Folter und Diskriminierung vor Gericht vertritt und sich mit Aus- und Fortbildungsprogrammen insbesondere an Schulen wendet. Die Arbeit der Organisation ist in den vergangenen Jahren von staatlichen Stellen immer wieder behindert worden. Die Preisverleihung findet am 25. April 2016 im Maxim-Gorki-Theater in Berlin statt.

Neue Promotionen und Habilitationen

Choi, Samuel Sang Hyun (Pasadena, CA: Fuller Theological Seminary, Ph.D. 2015): »Characteristics of Christian Spirituality among Churchgoers in Kenya, with Special Reference to Nairobi: An Interpretative Approach«

Dik, Oleg (Theologische Fakultät der Humboldt-Universität Berlin, Dissertation 2015): »Realness through Mediating Body. The Emergence of Charismatic/Pentecostal Communities in Beirut«

Farogh, Fred (Springfields, MO: Assemblies of God Theological Seminary, Ph.D. 2014): »Perceptions of Muslim Identity: A Case Study among Muslim-Born Persons in Metro New York«

Grüter, Dr. Verena (Augustana-Hochschule Neuendettelsau, Lehrstuhl für Interkulturelle Theologie, Missions- und Religionswissenschaft, Habilitation 2015): »Klang – Raum – Religion. Eine Untersuchung ästhetischer Dimensionen interreligiöser Begegnung anhand des Festivals Musica Sacra International«

Jester, Jerry Stephen (Springfields, MO: Assemblies of God Theological Seminary, Ph.D. 2014): »Empowered Belonging Through Identity Transformation: Assemblies of God church Planting Narratives From West Africa since 1990«

Matthews, Joel Robert (Pasadena, CA: Fuller Theological Seminary, Ph.D. 2015): »Understanding Development Participation and Innovation among West African Smallholders: A Case Study of Hausa Farmers and NGOs in Niger«

Müller, Sabrina (Theologische Fakultät der Universität Zürich, Dissertation 2015): »Fresh Expressions of Church. Ekklesiologische Beobachtungen und Interpretationen einer neuen kirchlichen Bewegung«

Neugebauer, Viven (Fachbereich Evangelische Theologie der Universität Osnabrück, Promotion 2015): »Europa im Islam.– Islam in Europa. Islamische Konzepte zur Vereinbarkeit von religiöser und bürgerlicher Zugehörigkeit«

Plake, John Farquhar (Springfields, MO: Assemblies of God Theological Seminary, Ph.D. 2014): »The Development and Validation of a Theory of Missionary Expatriate Effectiveness among Assemblies of God World Missions Personel«

Rauchstein, Maike (Theologische Fakultät der Universität Rostock, Promotion 2015): »Fremde Vergangenheit – Zur Orientalistik des Göttinger Gelehrten Johann David Michaelis«

Samuel, Reda Wadie Adelmessih (Pasadena, CA: Fuller Theological Seminary, Ph.D. 2015): »Is Christology ›Shirk‹? The Incarnation of Christ in Arabic Christian-Muslim Encounter (A.D. 750 – A.D. 1050)«

Treutler, Helen-Kathrin (Fachbereich Evangelische Theologie der Universität Osnabrück): »Die Bethel-Mission zwischen 1933 und 1945«

Geburtstage

85 Jahre: am 1.4.2016 Dr. Justus Freytag: China-Experte, Autor profilierter Publikationen mit missionstheologischen und ökumenischen Themen und Pfarrer in Hamburg.

85 Jahre: am 28.4.2016 PD Dr. Hugald Grafe: Indienmissionar, Religionswissenschaftler und Missionshistoriker.

80 Jahre: am 31.1.2016 Dr. Hans Häselbarth: Missionar in Südafrika und Leitender Geistlicher der Kommunität Christusbruderschaft Selbitz.

80 Jahre: am 22.6.2016 Dr. Martin Lehmann-Habeck: Gründungsdirektor des Evangelischen Missionswerks in Deutschland und theologischer Lehrer in Harare/Simbabwe.

80 Jahre: am 25.6.2016 Pfarrer i.R. Dr. Gottfried Rothermund: Missionar in Indien und Pfarrer der Württembergischen Landeskirche.

80 Jahre: am 3.7.2016 Oberkirchenrat i.R. Dr. Ulrich Beyer: Dozent für Neues Testament an der Kirchlichen Hochschule der Toba-Batak-Kirche in Indonesien und Dezernent für Mission und Ökumene im Landeskirchenamt der Evangelischen Kirche von Westfalen.

75 Jahre: am 7.7.2016 Prof. em. Dr. Friedrich Huber, theologischer Lehrer in Indien und Inhaber des Lehrstuhls für Missions- und Religionswissenschaft an der Kirchlichen Hochschule Wuppertal/Bethel.

70 Jahre: am 7.3.2016 Dr. Rudolf Ficker: Theologischer Lehrer am United Theological College in Bangalore / Indien; Leiter des Ökumenischen Studienwerks Bochum und bis zum Ruhestand Vorstandsmitglied des Evangelischen Entwicklungsdienstes.

Todesnachrichten

Am 19.12.2015 verstarb der Historiker und Theologe Dr. **Karl Rennstich** im Alter von 78 Jahren an den Folgen eines schweren Sturzes. Rennstich, geboren 1937 in Stetten am Heuchelberg, hatte in Wuppertal und Basel evangelische Theologie studiert. Nach seinem Vikariat ging er 1965 für die Baseler Mission nach Sabah in Ost-Malaysia und lehrte später am *Trinity College* in Singapur. Im Jahr 1976 wurde er an der Universität Basel mit einer Dissertation zum Thema *Mission und wirtschaftliche Entwicklung* promoviert. Ab 1986 war er geschäftsführender Studienleiter an der Missionsakademie in Hamburg. 1979 wurde er Privatdozent für Missionswissenschaften an der Evangelisch-Theologischen Fakultät der Universität Basel, wo er sich 1994 mit einer Arbeit über Korruption habilitierte.

Sonstiges

Auf Einladung König Mohammed VI von Marokko haben vom 25. bis 27. Januar 2016 250 hochrangige muslimische Geistliche die **Erklärung von Marrakesch** verabschiedet. 50 VertreterInnen anderer Religionen waren als BeobachterInnen anwesend. Anlässlich des 1400-jährigen Jubiläums der *Charta von Medina* wurde diese als adäquater Rahmen für nationale Verfassungen von Ländern mit muslimischer Mehrheit gewürdigt und ihre Übereinstimmung mit der Allgemeinen Erklärung der Menschenrechte unterstrichen. Die Erklärung von Marrakesch untersagt es muslimischen Regierungen, religiöse Minderheiten ihrer Rechte zu berauben, und ruft VertreterInnen aller Religionsgemeinschaften auf, sich gegen den Missbrauch ihrer Religion sowie *hatespeech* und Rassismus einzusetzen. Der Generalsekretär des *Ökumenischen Rates der Kirchen* Dr. Olaf Fykse Tveit begrüßte die Erklärung und bezeichnete sie als wegweisendes Dokument in Richtung auf eine Zukunft, »in der das Zusammenleben auf gleichen Rechten, gegenseitiger Fürsorge und Respekt beruht«.

Vier der mutmaßlichen Täter, die in **El Salvador** im November 1989 sechs Jesuiten, die Haushälterin und deren Tochter ermordet hatten, sind nun festgenommen worden. Nach weiteren Verdächtigen wird noch gefahndet. Fünf der Jesuiten waren spanische Staatsbürger. Die spanische Justiz hat im Januar 2016 offiziell einen Auslieferungsantrag für 17 Militärangehörige gestellt, die an dem Verbrechen beteiligt gewesen sein sollen.

Der Massenmord an mindestens 500.000 Menschen, der 1965 in **Indonesien** durch Militär und Milizen begangen wurde, wird seit November 2015 vor einem Symbolischen Tribunal in Den Haag aufgearbeitet. Ziel des Tribunals sei es, einen historischen Nachweis über die Verbrechen zu schaffen und Indonesien zum Handeln aufzufordern, erklärte die Initiative hinter dem symbolischen Gericht. Die Ereignisse von 1965, die sich gegen vermeintliche Kommunisten richteten, sind bis heute nicht völlig aufgeklärt und in Indonesien Tabu. Bisher wurde niemand wegen der Pogrome belangt. Das Verfahren richtet sich gegen den indonesischen Staat.

Die **fünf Zentren für islamische Theologie** an den Universitäten Tübingen, Münster, Osnabrück, Frankfurt am Main und Erlangen-Nürnberg werden weiterhin finanziell vom Bundesbildungsministerium gefördert. Die Förderung der 2011/12 errichteten Zentren war zunächst auf fünf Jahre befristet. Ein internationales Wissenschaftler-Gremium hat die Zentren begutachtet und die weitere Förderung empfohlen.

Die **Deutsche Gesellschaft für Missionswissenschaft** hat einen neuen Internetauftritt: http://dgmw.org/

Termine

Die Jahrestagung der *Gesellschaft der Freunde christlicher Mystik e.V.* findet vom **29. 4. bis 1. 5. 2016** unter dem Titel *Im Grunde Eins? Mystische Wege zur interreligiösen Verständigung* im Tagungszentrum Hohenheim der Akademie der Diözese Rottenburg-Stuttgart statt. Information und Anmeldung unter http://www.akademie-rs.de/start.html bzw. gerhard-nolte@t-online.de oder auf dem Postweg: Gesellschaft der Freunde christlicher Mystik e.V., c/o Gerhard Nolte, Goethestraße 4, 53819 Neunkirchen-Seelscheid.

Vom **22. bis 25. 6. 2016** veranstaltet die Fachhochschule für Interkulturelle Theologie Hermannsburg anlässlich des Reformationsjubiläums eine Konferenz zum Thema »Die Kirchen der Reformation in gesellschaftlicher und politischer Verantwortung für die Eine Welt«. Informationen sind bei Rektor Prof. Dr. Dr. Frieder Ludwig (f.ludwig@fh-hermannsburg.de) erhältlich. Anmeldeschluss ist der 30. April 2016.

Die Jahrestagung der *Deutschen Gesellschaft für Missionswissenschaft* findet **vom 6. bis 8. 10. 2016** in der Evangelischen Akademie Meißen zum Thema *Essen im Religionskontakt* statt.

Die *Fachgruppe Religionswissenschaft und Interkulturelle Theologie der Wissenschaftlichen Gesellschaft für Theologie* und das *Institut für Interkulturelle Theologie und Interreligiöse Studien* führen vom **21. bis 23.10.2016** im Internationalen Tagungszentrum Wuppertal die Tagung *Religion – M/macht – Raum. Religiöse Machtansprüche und ihre medialen Repräsentationen* durch. Informationen und Anmeldung unter: www.auf-demheiligenberg.de

(Zusammengestellt am Lehrstuhl für Missionstheologie und Religionswissenschaft der Augustana-Hochschule von Dr. Verena Grüter, Waldstraße 11, D-91564 Neuendettelsau. Bitte senden Sie Informationen und Hinweise an verena.grueter@augustana.de).

Schriftleitung und Herausgeber

Prof. Dr. Ulrich Dehn (Hauptschriftleiter)
FB Evangelische Theologie der Universität Hamburg, Sedanstr. 19, D-20146 Hamburg,
ulrich.dehn@uni-hamburg.de

Dr. Verena Grüter (Informationen und Termine) Augustana-Hochschule, Waldstr. 11,
D-91564 Neuendettelsau, verena.grueter@augustana.de

Prof. Dr. Andreas Heuser, Theologische Fakultät der Universität Basel, Nadelberg 10, CH-4051
Basel, andreas.heuser@unibas.ch

Prof. Dr. Klaus Hock (Rezensionen) Theologische Fakultät der Universität Rostock, D-18051
Rostock, klaus.hock@uni-rostock.de

Dr. Katrin Kusmierz (Berichte und Dokumentationen) Theologische Fakultät der Universität Bern,
Länggassstr. 51, CH-3012 Bern, katrin.kusmierz@theol.unibe.ch

Prof. Dr. Heike Walz, Kirchliche Hochschule Wuppertal/Bethel, Missionsstr. 9a/b,
D-42285 Wuppertal, heike.walz@kiho-wuppertal-bethel.de

Deutscher Vorsitzender des Herausgeberkreises:
Prof. Dr. Henning Wrogemann, Kirchliche Hochschule Wuppertal/Bethel, Missionsstr. 9a/b,
D-42285 Wuppertal, henning.wrogemann@kiho-wuppertal-bethel.de

VerfasserInnen und Renzensentinnen

Pfr. Direktor Christoph Anders, EMW, Normannenweg 17-21, D-20537 Hamburg,
christoph.anders@emw-d.de

Dr. Bianca Dümling, Berliner Institut für Urbane Transformation, Bouchéstr. 64, D-12059 Berlin,
biancaduemling@gmail.com

PD Dr. Moritz Fischer, Mittlere Holzbergstr. 10, D-91560 Heilsbronn,
moritz.fischer@augustana.de

Dr. Esther Imhof, Denkmalstr. 10, CH-8610 Uster, esther_imhof@gmx.ch

Prof. Dr. Philip Jenkins, Baylor University, Institute for Studies of Religion,
One Bear Place #97236, TX 76798, Waco, USA, Philip_Jenkins@baylor.edu

Prof. Dr. Ralph Kunz, Universität Zürich, Kirchgasse 9, CH-8001 Zürich, ralph.kunz@theol.uzh.ch

Pfrn. Dr. Cecilia Castillo Nanjarí, Calle Inglaterra N32-113 y Mariana de Jesús, Quito, Ecuador,
mujeresyjusticiadegenero.clai@gmail.com

Pfr. Prof. Cephas Omenyo, University of Ghana, Faculty of Arts, The de Graft Hansen Building,
Legon-Accra, Ghana, comenyo@ug.edu.gh

Prof. Dr. David Plüss, Universität Bern, Institut für Praktische Theologie, Länggassstr. 51,
CH-3000 Bern 9, david.pluess@theol.unibe.ch

Pfr. Dr. D. Rathnakara Sadananda, Synod Secretariat, CSI Centre, No 5, Whites Road,
Royapettah, Chennai 600014, Indien, synodcsi@gmail.com

Dr. Benedict Schubert, Hebelstrasse 17, CH-4056 Basel, b.schubert@unibas.ch

Catherine Stenzl, 9 Earlham Grove, London N22 5HJ, UK Großbritannien,
catherinestenzl@gmail.com

Prof. Dr. Gilles Vidal, 13 Rue du Dr Louis Perrier, F-34000 Montpellier, Frankreich,
gilles-louis.vidal@univ-montp3.fr

Hartmut Lehmann

Das Christentum im 20. Jahrhundert: Fragen, Probleme, Perspektiven

Kirchengeschichte in Einzeldarstellungen (KGE) | IV/9

256 Seiten | 17 x 24 cm | Hardcover
ISBN 978-3-374-02500-8
EUR 38,00 [D]

Die von der Evangelischen Verlagsanstalt seit über dreißig Jahren herausgebrachte vielbändige und auf dem Buchmarkt einzigartige Reihe »Kirchengeschichte in Einzeldarstellungen« wird mit dem Band über das »Christentum im 20. Jahrhundert« abgeschlossen. Hartmut Lehmann, einer der renommiertesten Historiker Deutschlands, diskutiert die wichtigsten Ereignisse in der Geschichte des Christentums von der Zeit vor dem Ersten Weltkrieg bis zur Gegenwart und geht besonders auf Vorgänge in Deutschland, Europa, Afrika und Nordamerika ein. Außerdem erörtert er Probleme und Fragestellungen, die für die weitere Forschung über die Geschichte des Christentums im 20. Jahrhundert von Interesse sind und zeigt Perspektiven auf, die helfen können, das Christentum von heute besser zu verstehen.

EVANGELISCHE VERLAGSANSTALT
Leipzig www.eva-leipzig.de

Tel +49 (0) 341/ 7 11 41 -16   vertrieb@eva-leipzig.de

Christoph Ernst | Christopher Hill |
Leslie Nathaniel | Friederike Nüssel (Hrsg.)
**Ekklesiologie in missionarischer
Perspektive | Ecclesiology in Mission
Perspective**

288 Seiten | 15,5 x 23 cm | Paperback
ISBN 978-3-374-03028-6
EUR 28,00 [D]

Dieser Band dokumentiert die siebte Theologische Konferenz im Rahmen des Meissen Prozesses der Kirche von England und der Evangelischen Kirche in Deutschland, die 2011 in Salisbury/England stattfand.
Die theologische Arbeit, zu der sich beide Kirchen verpflichtet haben,
konzentrierte sich bei dieser Konferenz auf die missionarische Dimension der Ekklesiologie mit dem Ziel, gemeinsame Ansätze für christ-
liches Zeugnis in den Wandlungsprozessen Europas zu gewinnen. Die
zwölf Beiträge von Vertretern aus Wissenschaft und Kirchenleitung
widmen sich der Bedeutung der Missionsthematik in der anglikani-
schen und evangelischen Ekklesiologie und stellen aktuelle Debatten
und neue Modelle missionarischer Arbeit in beiden Kirchen vor. In historischer Perspektive werden zentrale Motive der frühchristlichen und
spätantiken Missionsgeschichte sowie missionstheologische Grund-
überlegungen im Kontext der Ökumenischen Bewegung in Erinnerung
gebracht.

EVANGELISCHE VERLAGSANSTALT
Leipzig www.eva-leipzig.de